WORD SEARCH
FOR KIDS AGES 8-12

100 PUZZLES + FUN FACTS

ISBN 9798372599314

THIS BOOK BELONGS TO

_____

_____

_____

INSTRUCTIONS

FIND THE LIST OF WORDS GIVEN ON EACH PAGE. WORDS CAN APPEAR HORIZONTAL, VERTICAL, DIAGONAL UP, AND DIAGONAL DOWN. WE RECOMMEND YOU USE A PENCIL IN CASE YOU NEED TO ERASE A MISTAKE. SOLUTIONS FOR EACH WORD SEARCH ARE AT THE BACK OF THE BOOK. MOST IMPORTANT OF ALL, HAVE FUN!

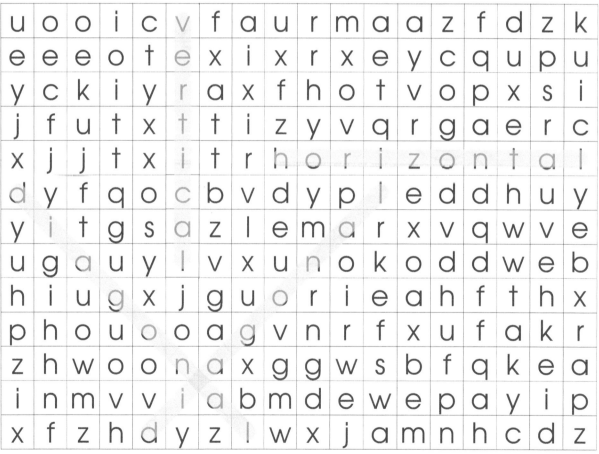

u	o	o	i	c	v	f	a	u	r	m	a	a	z	f	d	z	k
e	e	e	o	t	e	x	i	x	r	x	e	y	c	q	u	p	u
y	c	k	i	y	r	a	x	f	h	o	t	v	o	p	x	s	i
j	f	u	t	x	t	i	z	y	v	q	r	g	a	e	r	c
x	j	j	t	x	i	t	r	h	o	r	i	z	o	n	t	a	l
d	y	f	q	o	c	b	v	d	y	p	l	e	d	d	h	u	y
y	i	t	g	s	a	z	l	e	m	a	r	x	v	q	w	v	e
u	g	a	u	y	l	v	x	u	n	o	k	o	d	d	w	e	b
h	i	u	g	x	j	g	u	o	r	i	e	a	h	f	t	h	x
p	h	o	u	o	o	a	g	v	n	r	f	x	u	f	a	k	r
z	h	w	o	o	n	a	x	g	g	w	s	b	f	q	k	e	a
i	n	m	v	v	i	a	b	m	d	e	w	e	p	a	y	i	p
x	f	z	h	d	y	z	l	w	x	j	a	m	n	h	c	d	z

PLANETS

A	M	C	V	G	W	I	V	H	H	I	G	K	N	P	E	D	E
A	D	A	Z	Z	D	F	O	O	W	B	S	E	Y	G	B	F	A
Z	M	C	H	V	N	Z	Z	T	V	U	R	B	Y	U	U	P	R
B	Q	K	C	Z	A	P	A	I	N	S	A	T	U	R	N	L	T
A	O	N	O	J	A	P	L	A	Y	F	O	H	K	W	M	D	H
P	I	F	O	A	M	S	R	U	Y	Z	F	E	P	Q	H	I	K
Q	I	R	D	I	I	U	T	T	T	Q	F	Y	F	S	Q	F	M
U	C	O	M	E	T	S	Y	E	P	O	A	U	E	P	H	R	A
H	P	O	I	V	U	C	J	H	R	M	E	R	C	U	R	Y	C
Y	H	O	J	N	R	J	Q	H	D	O	K	Q	E	X	I	V	H
M	J	H	E	R	U	Q	U	N	O	I	I	M	B	L	V	C	J
U	N	V	O	G	N	W	F	P	W	R	X	D	A	Q	Q	W	N
Q	I	E	N	E	B	U	L	A	I	A	Z	J	A	R	J	V	X
I	T	Z	P	J	Z	W	Q	I	K	T	I	L	F	P	S	G	S
C	X	Y	V	T	F	P	E	X	Q	B	E	F	O	O	D	P	Y
M	L	Y	L	R	U	C	W	W	V	H	C	R	D	J	E	M	A
R	B	V	U	H	M	N	K	T	N	H	P	R	R	V	E	P	V
E	O	C	X	O	K	J	E	B	S	Y	K	J	A	A	N	H	R

MERCURY	URANUS	**FUN FACT:**
VENUS	NEPTUNE	JUPITER IS THE LARGEST PLANET IN OUR
EARTH	PLUTO	SOLAR SYSTEM AND IS KNOWN FOR ITS
MARS	ASTEROID	GREAT RED SPOT, A GIANT STORM THAT HAS
JUPITER	COMET	BEEN RAGING FOR HUNDREDS OF YEARS.
SATURN	NEBULA	

SAFARI ANIMALS #2

A	G	L	T	N	H	F	C	H	I	M	P	A	N	Z	E	E	Z
B	P	Z	W	G	A	O	N	J	V	R	K	L	W	F	G	A	U
Y	K	C	K	L	V	F	P	A	Z	H	H	H	T	G	R	E	Y
Z	M	N	A	R	N	U	G	I	R	A	F	F	E	E	R	F	K
E	Y	O	X	K	W	L	G	I	S	W	O	H	G	M	K	T	W
B	K	I	Q	X	G	N	T	Q	X	L	D	I	E	M	H	B	L
R	A	K	H	P	K	R	I	C	T	C	T	P	H	O	Y	M	S
A	Y	Q	E	L	E	P	H	A	N	T	W	P	W	N	Y	T	G
G	O	R	I	L	L	A	M	C	G	H	E	O	W	Q	S	B	E
S	U	D	T	Y	F	P	I	J	T	L	O	P	G	G	H	N	E
L	V	K	E	K	L	Z	P	D	I	G	C	O	Y	T	O	U	R
F	W	P	F	A	G	X	K	D	M	N	H	T	E	I	X	C	L
E	D	A	B	N	I	Q	O	R	E	Y	V	A	L	F	U	Z	A
K	Q	N	P	G	P	C	D	B	J	Y	J	M	Q	G	C	X	C
L	T	D	C	A	O	K	F	N	L	W	I	U	E	T	W	I	R
M	T	A	B	R	Q	B	W	C	K	E	I	S	D	Y	X	F	Z
X	D	K	C	O	L	C	T	D	T	O	L	D	H	B	E	L	B
G	Y	B	G	O	W	S	H	A	N	E	V	O	S	R	S	A	G

ELEPHANT	**CROCODILE**	**FUN FACT:**
LION	**GORILLA**	NO TWO ZEBRAS HAVE EXACTLY THE SAME STRIPE
TIGER	**CHIMPANZEE**	PATTERN. SCIENTISTS BELIEVE THAT THE STRIPES
GIRAFFE	**KANGAROO**	MAY HELP ZEBRAS CAMOUFLAGE THEMSELVES IN
ZEBRA	**KOALA**	THE TALL GRASSES OF THE SAVANNAH.
HIPPOPOTAMUS	**PANDA**	

HUMAN ANATOMY #3

E	J	O	T	T	E	Q	S	D	V	H	O	C	M	S	T	S	R
S	K	E	L	E	T	O	N	F	C	Z	V	L	U	A	G	E	T
N	Z	Q	O	S	O	O	Z	Q	B	V	G	N	S	L	I	G	Y
R	Q	F	L	G	F	O	H	A	L	O	L	C	C	V	I	E	T
L	U	Q	H	J	M	Z	V	T	R	C	S	L	L	M	L	Q	S
Q	N	B	L	A	D	D	E	R	K	H	P	Y	E	A	C	V	A
S	H	P	H	P	Q	O	N	E	R	V	E	S	S	T	C	B	L
A	T	Q	P	G	H	T	Y	Y	K	A	M	M	O	P	I	B	I
K	W	O	U	B	T	K	F	K	Z	J	T	B	B	O	B	I	V
G	S	L	M	X	I	S	Q	T	O	V	H	Y	F	Y	B	S	E
H	B	U	J	A	I	J	R	Z	B	C	Q	N	H	P	X	X	R
E	R	N	Q	J	C	A	I	N	T	E	S	T	I	N	E	S	H
Y	A	G	U	M	E	H	T	V	A	R	J	L	I	S	F	R	T
R	I	S	Q	H	U	Z	R	Z	O	M	S	I	D	H	R	Y	A
Q	N	I	M	A	R	H	J	F	W	D	S	A	W	N	M	Z	U
B	L	O	O	D	D	V	E	S	S	E	L	S	P	B	I	X	U
C	V	B	X	H	A	C	Y	H	D	R	J	V	A	B	J	V	O
J	T	D	N	Y	I	K	I	D	N	E	Y	S	A	B	W	E	E

SKELETON
MUSCLES
HEART
LUNGS
BRAIN
STOMACH

INTESTINES
LIVER
KIDNEYS
BLADDER
NERVES
BLOOD VESSELS

FUN FACT:

THE SMALLEST BONE IN THE HUMAN BODY IS THE STAPES, WHICH IS FOUND IN THE EAR. IT IS ONLY ABOUT THE SIZE OF A SMALL BEAN!

ANCIENT CIVILIZATION #4

K	R	E	E	M	U	M	H	V	J	I	Y	K	T	K	G	S	S
T	R	G	A	B	A	B	Y	L	O	N	M	R	K	I	I	C	F
T	K	P	Z	A	E	E	G	X	Y	S	B	D	T	K	E	D	P
C	M	S	D	O	R	A	S	S	Y	R	I	A	T	T	W	A	Q
P	N	V	U	N	O	J	S	F	N	S	B	O	Z	E	L	M	X
P	E	C	O	A	B	N	F	L	U	J	O	A	I	V	B	H	I
I	B	C	K	J	A	M	O	K	S	C	S	J	N	V	P	K	K
W	N	C	O	Y	P	D	E	V	Z	A	H	R	N	I	C	N	M
S	N	D	A	S	D	L	J	S	C	N	S	I	S	U	B	I	M
Y	U	M	U	R	Q	L	C	N	O	S	E	Z	N	I	R	F	S
I	J	M	Q	S	O	K	I	G	Z	P	T	E	Z	A	L	O	P
O	R	P	E	H	E	M	I	D	U	P	O	M	D	P	Y	Y	W
U	A	O	X	R	B	V	E	S	Y	T	M	T	O	H	G	N	Q
R	K	W	H	N	I	P	A	G	J	G	F	L	A	O	Z	E	J
O	Y	J	U	X	O	A	E	L	W	N	W	Y	D	M	R	Z	R
L	U	R	N	W	E	V	P	Y	L	L	H	M	Y	N	I	M	F
Q	W	E	I	K	B	P	F	N	X	E	I	Y	V	Q	S	A	J
M	K	Z	W	I	G	R	E	E	C	E	V	V	Y	X	X	Y	C

		FUN FACT:
EGYPT	MAYANS	ANCIENT GREEKS HAD A STRANGE WAY OF
MESOPOTAMIA	AZTECS	CHOOSING THEIR LEADERS. INSTEAD OF VOTING
INDUS VALLEY	INCAS	OR HOLDING ELECTIONS, THEY WOULD DRAW
CHINA	SUMERIA	NAMES OUT OF A HAT TO DETERMINE WHO
GREECE	BABYLON	WOULD BE IN CHARGE!
ROME	ASSYRIA	

Y	Y	Z	W	T	S	U	N	A	M	I	T	K	Z	O	L	L	E
Z	G	I	D	P	Y	W	I	M	G	I	U	Z	H	H	M	N	G
J	Z	C	V	P	J	I	A	N	X	P	U	Z	J	X	W	E	C
K	C	I	M	I	T	L	E	L	V	V	B	N	R	R	K	O	J
Y	A	S	T	L	O	D	B	Z	W	Z	H	D	U	A	N	I	E
B	N	Z	H	A	R	F	S	H	N	X	Y	H	U	A	U	C	L
G	H	Q	N	P	N	I	Z	Q	R	R	X	Q	C	W	W	Y	A
F	U	O	K	Z	A	R	N	E	R	K	H	L	U	E	B	V	N
D	R	R	Z	W	D	E	D	T	D	T	O	K	U	E	A	F	D
Z	R	A	S	Z	O	H	S	B	R	V	T	A	E	P	V	O	S
O	I	J	C	O	X	F	O	A	L	E	J	A	Z	U	A	G	L
K	C	N	T	J	K	X	E	V	H	I	O	N	N	D	L	Z	I
D	A	T	Y	P	H	O	O	N	G	L	Z	G	L	A	A	B	D
S	N	S	K	K	E	Z	W	U	G	R	O	Z	S	Q	N	F	E
J	E	O	G	Q	T	H	A	R	O	A	M	C	A	E	C	A	T
L	A	U	V	E	I	S	Y	L	I	K	N	M	R	R	E	V	L
M	F	L	O	O	D	D	R	O	U	G	H	T	U	I	D	I	T
W	T	W	A	K	Z	B	D	Y	S	B	P	Y	A	V	F	N	K

EARTHQUAKE	WILDFIRE
HURRICANE	DROUGHT
TYPHOON	TSUNAMI
TORNADO	VOLCANO
BLIZZARD	LANDSLIDE
FLOOD	AVALANCE

FUN FACT:

SOME VOLCANIC ERUPTIONS ARE SO POWERFUL
THAT THEY CAN SHOOT ASH AND LAVA HIGH
INTO THE SKY AND CREATE THEIR OWN LIGHTNING.

ENVIRONMENTAL #6

J	M	O	R	E	S	M	Z	U	L	D	V	X	T	O	Q	Q	X
Z	Q	D	S	X	Z	W	W	A	B	A	J	E	A	Z	B	C	R
D	K	T	U	U	X	X	N	L	C	F	T	E	E	O	F	O	E
G	R	B	Q	H	S	K	Y	D	T	A	D	S	M	N	T	N	N
Q	D	J	B	G	Q	T	Q	I	M	A	W	Z	I	E	B	S	E
F	J	E	M	T	N	E	A	I	C	W	X	U	S	M	L	E	W
B	A	Y	F	X	L	Y	L	I	Z	O	V	X	S	Q	O	R	A
I	Y	Y	N	O	H	C	I	H	N	U	Z	L	I	N	W	V	B
O	U	Y	G	G	R	E	Q	H	G	A	R	T	O	Q	K	A	L
D	B	F	Q	H	B	E	N	P	A	W	B	F	N	U	V	T	E
I	S	H	R	P	E	U	S	D	S	B	N	I	S	P	L	I	F
V	B	I	X	E	V	H	E	T	A	I	I	S	L	K	G	O	I
E	V	O	R	X	O	M	R	D	A	N	K	T	O	I	A	N	Q
R	G	D	L	K	Y	Q	B	S	D	T	G	P	A	N	T	C	R
S	B	U	O	A	F	B	N	S	E	I	I	E	S	T	L	Y	X
I	A	W	R	E	C	Y	C	L	I	N	G	O	R	S	J	P	X
T	P	B	W	V	A	I	R	B	A	A	L	E	N	E	S	N	S
Y	U	P	K	P	O	L	L	U	T	I	O	N	X	T	D	Y	P

CLIMATE   EMISSIONS   FUN FACT:
POLLUTION   SUSTAINABILITY   TREES CAN COMMUNICATE WITH EACH OTHER
BIODIVERSITY   RECYCLING   THROUGH A NETWORK OF UNDERGROUND
RENEWABLE   CONSERVATION   ROOTS AND FUNGI.
DEFORESTATION ENDANGERED
HABITAT   OZONE

R	K	K	W	E	O	M	J	G	W	B	P	P	X	E	E	L	T
Q	V	H	F	U	Z	R	Y	I	Y	O	A	O	K	N	K	M	Y
A	K	G	I	C	T	E	C	S	W	Y	A	N	H	G	W	T	F
N	C	Z	V	O	E	V	M	H	P	D	H	C	D	A	S	S	M
L	U	M	R	M	M	U	E	S	E	S	G	A	J	H	V	T	T
X	G	T	F	P	P	R	L	A	Y	S	Z	Z	R	U	U	O	G
B	U	F	L	O	O	I	O	E	T	A	T	A	E	M	P	N	O
A	X	Y	C	S	Y	F	D	P	X	L	D	R	H	U	O	E	E
Q	K	V	H	E	I	L	Y	I	S	D	F	K	A	Q	H	N	Q
U	A	Q	O	R	J	H	R	H	Y	T	H	M	V	L	R	G	Y
J	A	N	I	V	C	J	Z	H	J	E	H	F	L	M	J	U	L
D	V	Q	R	T	C	G	X	J	C	O	N	D	U	C	T	O	R
Q	P	T	I	V	Z	L	G	M	R	A	R	E	T	J	L	L	H
W	O	P	L	V	B	E	P	S	N	L	A	Z	T	H	G	D	N
L	D	Y	N	A	M	I	C	S	I	Y	A	D	Z	K	P	V	J
A	N	L	T	T	E	H	E	E	L	U	P	X	R	D	V	T	Q
U	A	Y	J	W	C	V	B	Y	V	Q	U	T	P	H	I	W	Q
O	X	K	W	H	I	K	I	S	S	U	Q	S	A	G	O	X	V

MELODY DYNAMICS

HARMONY ORCHESTRA

RHYTHM BAND

TONE CHOIR

PITCH COMPOSER

TEMPO CONDUCTOR

FUN FACT:

THE FIRST KNOWN SONG WAS WRITTEN OVER 3,400 YEARS AGO? THE SONG, CALLED "HURRIAN HYMN NO. 6," WAS WRITTEN IN ANCIENT CUNEIFORM AND DISCOVERED ON A CLAY TABLET IN MODERN-DAY IRAQ.

MUSICAL INSTRUMENTS #8

H	I	T	U	T	J	F	D	Y	P	Z	R	D	O	B	V	J	K
D	G	O	R	K	K	I	W	U	X	A	D	N	R	C	Y	D	V
Z	Z	Y	N	U	J	C	A	P	T	S	A	C	O	X	T	I	T
O	K	X	F	P	M	O	E	I	F	I	L	K	F	V	F	D	P
E	U	X	O	H	W	P	U	E	P	R	Y	P	J	Q	A	G	D
W	P	I	X	B	B	G	E	F	U	S	T	C	U	M	X	E	Y
R	V	B	A	S	S	T	M	T	N	V	R	T	J	L	X	R	Y
B	P	W	F	T	A	G	S	E	V	P	O	N	E	Z	X	I	K
V	C	S	M	C	M	H	A	B	R	Y	M	N	S	G	N	D	D
I	O	W	F	Z	L	A	X	Z	R	C	B	R	L	G	D	O	R
V	I	O	L	I	N	R	O	W	U	L	O	U	L	B	R	O	U
F	J	M	B	T	Z	P	P	A	C	A	N	D	E	Q	Q	J	M
N	L	A	C	V	M	E	H	B	A	R	E	I	R	W	C	X	S
F	W	U	L	B	U	G	O	S	P	I	P	I	D	M	Q	U	C
W	U	P	T	M	Y	A	N	N	H	N	K	Z	M	V	V	O	X
Y	D	L	E	E	M	C	E	J	H	E	N	H	N	H	M	C	O
X	C	Z	G	C	K	S	C	W	U	T	Q	P	N	S	Y	L	S
X	V	J	P	L	H	O	R	S	A	T	D	Z	F	Z	I	Q	Q

PIANO   SAXOPHONE

GUITAR   FLUTE

DRUM   CLARINET

BASS   HARP

VIOLIN   TROMBONE

TRUMPET   DIDGERIDOO

FUN FACT:

THE DIDGERIDOO, A TRADITIONAL AUSTRALIAN INSTRUMENT THAT CAN PRODUCE VERY HIGH DECIBEL LEVELS AND HAS BEEN KNOWN TO SHATTER GLASS AND EVEN BREAK EARDRUMS.

NUTRITION #9

A	B	L	J	K	Q	Q	M	E	G	C	J	V	K	Z	P	M	H
Z	O	O	F	Z	M	K	Q	O	A	A	L	P	A	S	R	B	Z
M	D	A	Y	Z	L	F	Q	V	L	R	X	T	H	Y	O	K	L
Q	I	V	G	S	O	D	I	U	M	B	P	E	V	B	T	I	M
R	M	N	Z	G	W	L	H	W	Z	O	X	N	S	E	E	O	C
E	K	T	E	V	X	E	E	A	A	H	C	O	S	I	I	X	P
I	D	D	H	R	W	X	S	T	N	Y	W	D	I	O	N	Q	G
O	V	I	E	D	A	B	R	E	T	D	S	A	A	Q	I	V	Q
S	M	M	G	X	N	L	L	R	I	R	B	M	D	O	R	V	O
N	F	E	Z	E	A	Y	S	W	O	A	G	G	Y	F	G	I	Q
Q	A	T	U	N	S	B	N	O	X	T	O	W	L	B	Z	T	Q
V	T	A	C	E	W	T	A	N	I	E	H	M	F	P	E	A	U
L	E	B	F	Y	F	S	I	P	D	S	W	B	B	N	D	M	O
G	F	O	V	I	P	P	Z	O	A	Y	F	B	U	M	T	I	F
E	I	L	Q	N	B	O	A	A	N	R	A	M	I	P	Q	N	D
O	O	I	N	M	K	E	J	T	T	S	T	W	L	O	Y	S	M
U	J	S	P	P	D	A	R	D	S	E	S	I	F	V	K	I	C
V	R	M	M	G	U	A	K	M	C	A	L	O	R	I	E	G	B

CARBOHYDRATES   CALORIE
PROTEIN   DIGESTION
FATS   SODIUM
VITAMINS   FIBER
MINERALS   METABOLISM
WATER   ANTIOXIDANTS

FUN FACT:
THE AVERAGE PERSON PRODUCES ABOUT HALF A LITER OF SALIVA PER DAY? SALIVA HELPS TO BREAK DOWN FOOD AND KEEP YOUR MOUTH MOIST, AND IT ALSO CONTAINS ENZYMES THAT HELP TO KILL BACTERIA.

SIMPLE MACHINES #10

Y	V	B	N	P	K	S	Q	X	W	Q	Z	U	H	R	O	U	L
L	M	S	B	L	T	M	C	U	L	R	T	W	R	L	K	Q	L
X	Z	M	I	T	N	S	O	R	L	Y	C	P	T	T	L	U	F
Q	Y	U	N	B	N	Q	M	Z	E	F	Y	V	Q	F	R	L	R
B	K	I	C	G	E	A	R	V	B	W	X	H	R	E	A	N	F
Q	E	U	L	K	T	F	E	W	W	P	A	R	V	I	T	U	C
D	U	M	I	D	L	C	W	D	Z	R	F	E	T	U	Q	B	P
P	R	H	N	M	W	T	I	D	Q	R	L	N	Q	O	N	G	Z
N	B	Z	E	C	J	W	O	Y	R	J	E	X	L	O	P	Q	U
A	U	X	D	S	L	J	N	E	O	R	J	L	Y	Y	U	E	U
T	T	O	A	O	D	U	K	T	E	O	C	T	K	M	L	I	H
K	X	W	P	P	A	T	F	P	E	T	T	S	C	L	C	L
K	X	B	L	W	R	G	F	C	G	I	B	T	O	P	E	P	T
N	X	O	A	B	R	I	H	E	H	H	T	J	U	V	Y	I	G
S	X	S	N	D	D	F	G	B	R	B	H	N	V	C	K	P	J
O	X	L	E	B	K	D	J	F	L	Y	W	H	E	E	L	I	J
R	C	A	M	M	E	V	A	U	T	E	Q	H	R	S	O	X	G
K	G	F	X	W	B	W	H	E	E	L	C	F	V	Z	K	Z	F

LEVER	GEAR	**FUN FACT:**
PULLEY	CLUTCH	DID YOU KNOW THAT THE LEVER IS ONE OF THE
WHEEL	CAM	OLDEST SIMPLE MACHINES IN THE WORLD?
SCREW	FLYWHEEL	LEVERS ARE USED TO LIFT HEAVY OBJECTS BY
INCLINED PLANE	BRAKE	APPLYING A FORCE AT A DISTANCE, AND THEY
WEDGE	DIFFERENTIAL	HAVE BEEN AROUND SINCE ANCIENT TIMES.

PLANTS

H	H	G	O	X	B	B	O	F	J	Q	J	V	N	F	H	D	G
F	A	E	S	G	O	W	V	R	K	C	V	O	N	V	U	I	S
F	A	R	T	Z	Z	T	F	O	Y	K	I	O	C	V	D	I	W
Z	Q	M	E	K	T	N	H	Y	H	T	I	D	K	J	U	T	M
C	F	I	M	T	T	L	R	W	A	T	O	C	X	O	T	N	D
B	C	N	Y	D	Y	S	S	N	A	R	F	D	T	Y	M	E	A
A	D	A	V	M	Q	R	I	R	S	R	Z	L	I	M	E	S	Q
M	N	T	C	R	A	L	I	P	T	O	B	R	O	S	M	I	D
J	V	I	M	C	L	P	B	F	F	O	F	E	W	W	P	B	Y
B	K	O	Y	O	S	I	F	A	L	T	V	S	S	X	E	Y	A
Y	B	N	P	N	P	A	I	V	C	K	A	P	U	X	D	R	J
T	V	H	A	N	W	H	X	G	D	D	L	I	R	T	U	Z	Y
R	U	R	F	Y	T	U	S	S	B	N	H	R	W	R	O	L	B
U	T	P	Z	S	V	S	K	Y	S	E	W	A	M	O	R	E	I
U	Q	J	L	Q	H	B	T	W	G	V	K	T	T	P	L	A	M
P	H	O	T	O	S	Y	N	T	H	E	S	I	S	I	E	F	F
D	W	N	B	C	U	F	M	A	E	M	Y	O	O	S	F	C	P
N	U	A	F	R	U	I	T	U	B	T	A	N	O	M	R	S	Z

PHOTOSYNTHESIS   **FRUIT**   **FUN FACT:**

ROOT   **POLLINATION**   SOME PLANTS PRODUCE THEIR OWN FOOD

STEM   **GERMINATION**   THROUGH A PROCESS CALLED PHOTOSYNTHESIS.

LEAF   **TRANSPIRATION**   PLANTS USE SUNLIGHT, WATER, AND CARBON

FLOWER   **RESPIRATION**   DIOXIDE TO CREATE ENERGY-RICH SUGARS

SEED   **TROPISM**   THAT THEY USE FOR GROWTH AND REPRODUCTION.

OCEAN LIFE

N	A	A	C	F	H	T	S	N	I	K	P	W	K	X	A	C	X
T	Z	T	J	E	C	J	H	J	Y	I	C	M	F	Y	U	N	D
M	S	G	F	P	C	I	A	K	D	O	L	P	H	I	N	X	Y
J	H	J	R	X	R	B	R	Z	A	S	B	K	B	Z	Z	T	D
E	V	C	J	L	A	J	K	K	U	T	N	H	B	J	G	E	U
L	O	U	S	R	B	P	F	P	X	E	F	R	Z	O	P	G	Q
L	Y	E	Q	J	L	R	O	Z	O	O	Q	Y	H	R	N	C	N
Y	M	W	S	I	P	T	U	I	R	K	W	H	Z	J	C	Z	L
F	G	U	J	F	C	N	V	Z	L	S	P	W	W	H	W	F	A
I	F	W	N	O	G	C	Z	Q	G	L	T	C	F	P	H	I	N
S	P	A	C	J	L	O	B	S	T	E	R	A	F	Q	A	S	O
H	A	C	O	R	A	L	L	M	G	H	H	O	R	E	L	H	Z
V	V	Q	E	O	K	T	F	Y	X	X	X	Y	L	F	E	Y	U
X	H	C	J	A	I	S	M	L	R	I	D	X	I	B	I	T	W
Y	U	W	F	D	S	E	A	L	S	C	I	K	Y	S	B	S	G
I	W	M	B	N	P	X	M	O	Z	V	K	S	H	E	T	F	H
L	B	R	A	O	H	X	T	O	U	S	U	O	N	O	S	F	O
M	V	N	I	S	G	S	E	A	G	U	L	L	T	Y	A	Y	J

CORAL	CRAB	**FUN FACT:**
FISH	LOBSTER	THE BLUE WHALE IS THE LARGEST ANIMAL ON
SHARK	STARFISH	EARTH, AND ITS TONGUE CAN WEIGH AS MUCH
WHALE	JELLYFISH	AS AN ELEPHANT!
DOLPHIN	SEAGULL	
OCTOPUS	SEALS	

DINOSAURS

H	U	Z	G	M	E	B	P	K	M	P	X	X	U	O	S	M	Q
A	S	T	E	G	O	S	A	U	R	U	S	G	U	I	P	N	C
L	C	V	K	Z	W	X	R	G	G	G	R	H	N	D	J	G	U
L	M	E	T	O	Z	W	A	Q	K	U	G	V	S	S	Y	B	U
O	E	L	R	X	D	P	S	Z	H	H	K	W	G	H	T	K	U
S	G	O	I	W	E	W	A	V	Z	P	E	X	W	Y	R	O	P
A	A	C	C	W	G	G	U	D	G	Q	H	A	Q	A	A	B	T
U	L	I	E	V	B	K	R	I	G	U	A	N	O	D	O	N	E
R	O	R	R	T	Y	R	A	N	N	O	S	A	U	R	U	S	R
U	S	A	A	H	R	Z	L	Y	R	F	H	U	W	E	K	T	O
S	A	P	T	Z	H	M	O	E	W	T	Q	D	P	B	P	Z	D
B	U	T	O	C	Z	E	P	O	P	K	L	I	Q	O	K	C	A
G	R	O	P	L	N	B	H	K	O	N	V	M	E	I	T	H	C
K	U	R	S	O	U	Q	U	M	H	U	T	A	W	U	Y	X	T
U	S	B	N	Q	Q	P	S	N	E	N	F	N	Z	B	V	P	Y
A	N	B	R	A	C	H	I	O	S	A	U	R	U	S	M	W	L
J	D	E	V	X	A	N	K	Y	L	O	S	A	U	R	U	S	T
B	Z	I	Z	N	T	A	D	I	P	L	O	D	O	C	U	S	G

TYRANNOSAURUS   ALLOSAURUS

VELOCIRAPTOR   DIPLODOCUS

STEGOSAURUS   ANKYLOSAURUS

TRICERATOPS   IGUANODON

PTERODACTYL   MEGALOSAURUS

BRACHIOSAURUS   PARASAURALOPHUS

FUN FACT:

THE STEGOSAURUS HAD A BRAIN THE SIZE OF A WALNUT, BUT IT HAD SPIKES ON ITS TAIL THAT WERE AS LONG AS A CAR!

GEOGRAPHY

M	A	C	Z	S	M	M	O	H	G	T	X	T	W	O	T	H	V
M	G	P	C	R	J	A	J	P	I	S	U	Y	A	Z	O	N	H
M	H	E	J	P	D	P	X	G	H	U	N	P	V	Y	M	Y	E
Z	N	L	B	S	N	Y	N	M	D	K	I	O	G	P	U	O
L	H	X	L	C	T	C	I	C	O	N	T	I	N	E	N	T	F
U	C	R	H	I	K	S	Y	R	R	E	G	I	O	N	G	N	S
M	V	Q	C	Y	V	K	L	H	Z	M	Q	J	I	F	J	O	N
M	L	W	U	X	N	X	V	D	O	E	H	E	S	R	B	H	K
A	C	D	J	O	T	E	E	W	E	Y	X	M	L	I	T	B	R
X	O	Y	P	Y	X	U	F	R	J	S	C	K	A	V	M	T	Z
E	U	R	K	Y	Q	R	H	X	M	G	E	N	N	E	Y	K	L
V	N	Y	C	A	P	I	T	A	L	O	H	R	D	R	N	M	S
J	T	M	D	X	X	S	K	F	Y	E	U	D	T	I	O	Z	V
A	R	H	G	O	R	G	E	O	J	H	R	N	C	W	T	Y	D
Y	Y	E	N	D	P	X	G	R	B	A	A	U	T	U	G	Y	I
C	S	P	P	T	T	F	F	E	N	R	Y	K	I	A	K	J	Z
E	L	A	K	E	G	H	W	S	T	Q	O	D	U	O	I	M	H
Y	A	S	G	C	A	B	V	T	D	M	X	Q	Y	L	W	N	Z

MAP	RIVER	**FUN FACT:**
CONTINENT	MOUNTAIN	THE DRIEST PLACE ON EARTH IS THE ATACAMA
COUNTRY	LAKE	DESERT IN CHILE, WHICH HASN'T HAD ANY RAIN
CITY	DESERT	FOR MORE THAN 400 YEARS!
CAPITAL	FOREST	
REGION	ISLAND	

FOODS

V	Q	H	T	O	G	M	M	D	D	J	F	E	G	A	D	H	K
L	E	D	P	E	I	E	E	L	W	B	M	G	V	H	D	C	V
S	V	G	S	E	O	A	Z	P	L	O	Z	F	P	P	I	V	S
M	K	E	A	E	Z	R	S	F	J	X	K	E	J	P	F	G	D
V	F	Y	G	N	A	P	J	I	K	T	C	A	C	C	G	N	E
A	S	I	K	E	F	F	V	U	M	S	N	R	U	V	E	C	Q
E	T	P	N	N	T	W	O	E	T	Q	A	O	P	K	X	S	L
X	E	R	F	H	T	A	S	O	U	P	N	N	C	B	Q	A	X
P	A	Q	A	L	O	B	R	Y	D	P	C	I	D	K	E	L	Y
E	K	H	Q	W	C	X	V	I	F	I	H	V	D	W	A	A	L
S	F	L	W	Z	Z	I	C	O	A	C	L	P	D	E	I	D	V
R	G	X	I	D	G	L	U	T	E	N	J	F	R	E	E	C	R
R	I	E	B	O	V	S	R	Z	X	H	B	L	T	X	J	H	H
F	P	G	Z	O	G	K	E	O	Q	P	S	U	S	H	I	E	R
L	A	K	F	B	F	R	R	P	B	F	N	W	B	T	V	L	L
M	S	A	D	Z	G	W	R	S	X	A	R	A	X	U	Q	T	R
B	T	O	I	N	G	V	U	H	C	D	P	I	Z	Z	A	X	A
Q	A	Q	Q	M	L	O	T	U	F	B	M	F	B	E	A	V	K

SALAD   STEAK

SOUP   CHICKEN

SANDWICH   SEAFOOD

PIZZA   VEGETARIAN

PASTA   VEGAN

SUSHI   GLUTEN FREE

FUN FACT:

THE WORLD'S LARGEST PIZZA WAS MADE IN ROME, ITALY, AND WAS OVER 131 FEET WIDE!

SPORTS

W	W	B	J	Y	G	J	D	W	I	F	O	O	T	B	A	L	L
M	P	A	Y	A	V	P	E	C	C	A	S	T	A	W	S	J	K
P	Y	S	D	G	M	K	W	P	O	W	H	C	K	K	A	Z	W
T	W	E	C	L	N	W	E	E	B	W	Y	N	Z	D	N	I	S
R	Y	B	X	B	A	S	K	E	T	B	A	L	L	W	X	Q	A
A	V	A	M	C	S	D	T	E	N	N	I	S	G	J	G	R	G
C	S	L	N	E	T	F	X	H	N	Z	D	U	W	U	N	M	L
K	H	L	I	T	I	G	B	G	Z	Y	D	N	T	C	R	K	U
S	S	K	M	H	C	V	I	X	R	G	O	L	F	M	Y	C	O
A	W	K	P	J	S	Q	E	C	R	D	O	D	T	L	E	K	X
N	E	I	A	U	D	V	N	C	E	W	T	X	E	G	O	L	N
D	K	Q	M	T	Z	S	I	B	C	N	A	T	D	H	F	O
Z	B	Z	W	M	I	Q	Q	A	S	C	H	L	I	J	Y	B	Z
F	S	O	C	Y	I	N	I	P	W	O	A	O	O	A	Y	K	W
I	A	G	X	O	V	N	G	U	P	U	C	A	C	E	E	H	W
E	S	U	N	I	Z	Z	G	V	D	F	Y	C	C	K	A	P	W
L	U	I	I	U	N	Q	X	O	F	E	F	B	E	P	E	J	W
D	M	R	D	P	J	G	Z	X	V	C	V	G	Q	R	T	Y	S

SOCCER	SWIMMING
BASKETBALL	TRACK AND FIELD
FOOTBALL	GYMNASTICS
BASEBALL	BOXING
TENNIS	ICE HOCKEY
GOLF	SKATING

FUN FACT:

THE LONGEST GAME OF BASEBALL EVER PLAYED
LASTED FOR EIGHT DAYS!

MOVIES

D	F	J	S	C	R	E	E	N	P	L	A	Y	K	A	S	U	H
B	O	P	C	N	L	H	N	B	P	E	A	G	T	D	E	L	P
Y	Y	C	K	N	C	Q	C	C	U	B	P	C	P	L	J	N	O
T	J	K	U	U	C	L	Y	J	U	S	N	B	T	P	W	N	J
J	C	O	U	M	E	P	L	Q	L	M	P	L	T	O	O	I	Z
T	U	S	Y	U	E	E	G	X	R	E	U	O	O	O	R	D	A
F	W	F	Q	L	L	N	Y	O	G	Z	S	C	W	E	A	R	R
U	W	E	S	J	E	J	T	E	Q	B	X	K	X	G	D	K	E
L	S	O	L	N	G	C	I	A	W	C	N	B	P	H	A	F	M
M	C	D	K	S	E	D	Q	W	R	O	Z	U	Q	V	P	E	A
G	Z	O	K	R	N	H	X	P	I	Y	D	S	A	X	T	C	K
C	A	O	I	I	M	T	J	T	P	F	V	T	U	O	A	W	E
Q	J	D	X	L	M	Q	A	Y	W	N	Z	E	O	W	T	X	Q
I	V	N	I	H	R	M	J	Z	W	Z	G	R	Q	F	I	G	W
N	U	E	R	X	I	Y	E	S	L	O	R	I	T	L	O	O	G
Y	X	I	M	N	O	L	B	O	Y	Y	O	O	Q	I	N	S	O
K	Q	S	A	N	J	W	D	W	P	R	O	D	U	C	E	R	X
F	J	R	T	N	L	A	N	A	C	T	R	E	S	S	S	U	C

ACTOR	REMAKE	**FUN FACT:**
ACTRESS	ADAPTATION	THE FIRST MOVIE EVER MADE WAS ONLY ABOUT
DIRECTOR	BLOCKBUSTER	A MINUTE LONG!
PRODUCER	INDIE	
SCREENPLAY	DOCUMENTARY	
SEQUEL	ANIMATION	

U	G	A	J	K	L	D	L	M	L	E	S	H	R	X	A	N	K
Q	F	Q	P	B	K	F	Y	C	N	K	G	L	T	Z	I	Z	D
C	S	Y	K	J	F	T	J	A	C	Z	Y	O	O	N	L	G	Z
A	J	J	H	R	I	A	L	A	F	R	L	I	U	O	C	V	L
R	X	W	T	R	T	P	P	K	A	E	M	U	R	H	Q	A	L
M	H	H	R	Z	R	K	H	R	T	I	K	G	I	A	S	C	T
E	W	B	X	I	C	T	E	O	N	Z	K	O	S	U	V	A	R
M	I	G	A	A	X	N	H	B	Z	W	R	K	T	X	O	T	X
A	H	N	B	X	I	Q	E	B	Z	A	T	V	F	K	V	I	L
H	Y	B	V	T	O	R	D	E	S	T	I	N	A	T	I	O	N
E	C	U	I	D	P	B	V	A	H	U	G	F	E	E	M	N	N
X	R	S	T	W	Z	F	O	J	A	J	X	H	Y	M	Q	I	Z
D	F	T	R	C	R	U	I	S	E	D	J	E	G	D	J	K	I
R	C	E	R	O	A	T	X	U	X	Q	V	E	Z	Y	H	E	O
N	J	H	R	A	R	W	R	F	D	U	L	S	X	H	E	T	Y
E	P	O	H	T	I	W	A	R	N	P	K	J	K	B	P	Z	J
H	G	F	B	I	R	N	R	E	S	O	R	T	C	V	H	E	F
X	J	W	J	P	K	L	R	F	I	U	H	A	R	G	X	P	D

VACATION   **TRAIN**

TOURIST   **BUS**

DESTINATION   **CAR**

HOTEL   **CRUISE**

RESORT   **BACKPACK**

AIRPLANE   **ITINERARY**

FUN FACT:

THE LONGEST NONSTOP FLIGHT IN THE WORLD IS FROM SINGAPORE TO NEW YORK, AND IT TAKES ABOUT 18 HOURS TO FLY!

NATURE

G	H	H	I	Q	T	N	M	E	C	O	S	Y	S	T	E	M	X
M	R	A	P	V	V	N	H	I	Q	C	F	K	V	N	U	K	N
J	C	K	B	S	A	L	S	O	I	L	Q	B	M	F	X	W	T
T	V	F	G	I	W	I	L	D	L	I	F	E	V	R	D	V	G
C	C	J	N	S	T	E	O	J	V	R	P	A	L	O	D	B	Z
A	Z	H	X	I	C	A	G	W	A	T	E	R	S	C	O	A	P
S	O	R	H	Z	Z	M	T	M	J	K	Z	X	V	K	H	K	E
G	V	S	N	S	W	N	Q	L	A	N	D	S	C	A	P	E	N
U	E	N	Q	L	G	J	I	D	Q	Q	V	U	H	T	K	D	Q
W	M	E	Q	M	R	S	S	P	W	G	T	A	Z	C	S	Z	V
R	T	G	V	H	X	L	V	G	O	F	Z	F	Q	B	J	A	Q
X	H	D	L	N	E	K	K	N	I	F	F	R	Q	O	W	F	T
G	V	G	I	Q	O	A	S	V	V	E	I	V	W	V	S	L	R
C	O	N	S	E	R	V	A	T	I	O	N	A	Z	S	U	O	E
L	C	C	J	S	K	V	I	L	G	G	N	U	A	E	K	W	E
H	J	N	E	N	K	V	X	O	K	G	T	R	D	T	B	E	K
E	P	K	I	J	P	W	D	A	E	R	G	W	S	M	T	R	M
V	G	H	C	D	K	Q	H	J	O	O	H	O	W	L	J	S	N

LANDSCAPE	ROCK	**FUN FACT:**
SKY	SOIL	THE LARGEST FLOWER IN THE WORLD IS THE
WATER	HABITAT	RAFFLESIA ARNOLDII, WHICH CAN GROW UP TO
TREE	CONSERVATION	THREE FEET WIDE AND CAN WEIGH UP TO
FLOWER	WILDLIFE	15 POUNDS.
GRASS	ECOSYSTEM	

HOLIDAYS

N	N	U	P	F	I	G	V	A	L	E	N	T	I	N	E	S	G
K	E	E	Z	L	E	N	K	N	C	Y	W	L	Y	D	J	N	M
H	H	W	A	H	H	A	E	N	Z	H	I	K	J	S	I	D	E
O	A	W	H	G	F	E	M	N	D	R	U	J	V	V	N	M
W	I	N	N	Y	W	L	O	R	I	C	X	I	I	U	G	N	O
D	V	H	U	O	E	S	N	E	I	G	Q	G	S	V	G	J	R
E	G	Z	L	K	U	A	L	K	M	N	S	P	V	T	Q	E	I
B	B	L	W	M	K	T	R	P	Y	K	S	F	W	H	M	Y	A
Z	A	B	P	L	C	A	B	S	N	M	Y	F	A	C	H	A	L
H	Y	L	F	L	J	R	H	A	K	X	D	E	S	N	R	H	S
R	I	T	N	X	A	E	H	S	I	B	G	T	W	J	P	C	D
D	R	E	B	T	G	T	Z	S	J	J	Z	Z	G	N	O	C	A
D	L	A	N	T	E	R	N	X	F	E	S	T	I	V	A	L	Y
A	C	I	N	C	O	J	D	E	Q	M	A	Y	O	L	B	U	W
G	T	E	W	Q	Q	Z	W	U	V	O	N	S	H	P	B	H	O
X	F	J	E	A	S	T	E	R	F	W	U	H	M	J	Z	G	M
U	V	J	S	T	.	T	P	A	T	R	I	C	K	S	A	R	J
O	B	I	S	A	O	V	G	F	U	F	R	J	W	G	N	K	M

CHRISTMAS

THANKSGIVING

EASTER

HANUKKAH

HALLOWEEN

VALENTINES

NEW YEARS

ST. PATRICKS

DIWALI

MEMORIAL DAY

CINCO DE MAYO

LANTERN FESTIVAL

FUN FACT:

THE EARLIEST RECORDED VALENTINE'S DAY GIFT WAS A POEM WRITTEN BY THE ROMAN POET OVID IN THE YEAR AD 50.

MATHEMATICS #21

Q	X	P	D	J	L	X	E	V	Z	F	R	A	C	T	I	O	N
S	M	X	C	L	H	A	V	Z	F	T	O	X	X	U	G	A	P
X	N	D	M	I	R	D	E	C	I	M	A	L	R	K	E	D	K
T	G	G	U	S	U	B	T	R	A	C	T	I	O	N	O	D	T
Y	T	Z	G	V	W	L	V	M	Z	F	K	X	V	I	M	I	Z
R	S	N	C	H	I	X	Q	U	U	G	K	E	T	J	E	T	S
I	Q	W	Q	R	W	C	A	L	C	U	L	U	S	M	T	I	S
W	U	A	G	J	W	B	M	T	S	G	A	Z	L	K	R	O	O
N	A	P	D	H	A	Z	C	I	V	F	B	G	I	C	Y	N	D
B	R	U	E	M	X	V	B	P	D	T	K	M	H	A	O	A	O
X	E	X	I	R	L	B	J	L	W	I	E	W	H	H	R	H	A
S	R	T	C	D	C	U	G	I	E	U	V	A	G	B	D	F	C
C	O	S	Q	Y	G	E	Y	C	R	B	A	I	E	X	A	A	X
E	O	O	V	V	Y	V	N	A	G	O	G	G	S	O	J	O	F
H	T	G	O	Q	N	V	H	T	S	I	L	Z	H	I	Z	R	K
R	C	U	M	F	M	T	V	I	A	A	F	E	P	I	O	C	Q
H	M	M	O	B	O	P	D	O	B	G	X	M	N	K	E	N	O
Q	P	E	L	N	Q	H	S	N	W	R	E	X	F	G	V	F	O

ADDITION   PERCENTAGE

SUBTRACTION   SQUARE ROOT

MULTIPLICATION   PI

DIVISION   ALGEBRA

FRACTION   GEOMETRY

DECIMAL   CALCULUS

FUN FACT:

THE NUMBER PI (3.14) IS USED TO CALCULATE THE CIRCUMFERENCE OF A CIRCLE, AND IT'S AN IRRATIONAL NUMBER – THAT MEANS IT GOES ON FOREVER AND NEVER REPEATS ITSELF.

INSECTS

I	F	J	H	B	E	E	E	E	V	O	A	K	O	G	J	U	P
S	A	C	K	K	C	P	T	J	D	S	P	I	D	E	R	Y	G
L	O	R	I	S	C	R	Z	T	X	V	Q	G	M	E	L	U	S
I	W	I	H	J	Y	A	X	V	G	Z	P	T	J	F	B	T	K
D	X	C	X	J	L	V	W	L	P	Y	Q	V	R	Y	E	V	H
R	G	K	B	M	X	I	O	Q	O	H	C	E	D	U	D	K	E
A	B	E	S	D	Y	N	P	G	C	Y	T	A	L	V	A	N	I
G	T	T	V	Z	L	G	D	T	J	T	L	D	F	W	X	E	G
O	Y	K	M	T	U	M	V	J	U	H	U	F	Y	F	F	L	M
N	B	Q	Q	P	E	A	J	B	E	Y	D	I	B	P	Z	G	A
F	W	N	S	M	F	N	L	V	W	S	A	H	Q	T	W	D	P
L	V	A	Y	A	I	T	O	W	B	M	Z	N	Y	N	A	R	B
Y	W	O	W	Z	U	I	K	P	C	C	X	W	T	C	Z	C	T
O	O	U	U	Y	H	S	T	Y	Y	U	K	T	I	Q	E	X	R
N	G	R	A	S	S	H	O	P	P	E	R	C	S	M	O	G	H
Z	H	T	E	C	K	O	P	I	H	J	S	J	V	A	O	G	K
V	L	U	Y	S	E	E	M	E	A	B	S	C	P	Q	S	V	C
S	M	O	S	Q	U	I	T	O	P	T	H	V	Q	Q	F	B	R

ANT	GRASSHOPPER	**FUN FACT:**
BEE	LADYBUG	THE FASTEST INSECT IN THE WORLD IS THE
BUTTERFLY	MOSQUITO	AUSTRALIAN DRAGONFLY, WHICH CAN FLY AT
CICADA	PRAYING MANTIS	SPEEDS OF UP TO 60 MILES PER HOUR.
CRICKET	SPIDER	
DRAGONFLY	WASP	

ROCKETS

M	I	S	S	I	O	N	H	S	B	D	S	A	T	U	R	N	T
P	X	R	A	Q	T	V	A	S	T	R	O	N	A	U	T	B	Y
Q	N	S	D	L	A	U	N	C	H	P	A	D	N	S	U	I	I
P	I	R	P	Q	D	P	U	T	Q	B	U	O	X	P	T	G	X
B	D	E	P	A	P	Q	L	S	K	M	T	L	D	E	M	L	K
D	X	R	B	K	C	H	K	L	P	K	D	F	O	N	K	P	A
I	I	L	N	T	J	E	A	I	D	M	R	A	N	E	K	I	M
K	I	H	B	Z	Z	W	S	B	O	B	K	L	Y	L	K	R	A
J	I	H	E	N	E	D	M	H	A	Z	W	C	H	H	K	X	O
E	M	X	T	C	F	R	O	E	U	Q	Z	O	V	B	Y	M	O
J	R	K	A	Q	Q	E	O	D	O	T	C	N	B	O	C	E	M
F	G	P	B	K	A	H	D	G	D	D	T	U	R	O	B	R	K
A	S	C	M	Q	Y	A	Y	X	R	Z	V	L	U	S	P	C	K
O	P	A	Y	L	O	A	D	O	F	A	U	B	E	T	T	U	F
W	F	B	Z	L	G	B	B	F	W	E	V	U	G	E	K	R	A
X	O	O	T	G	O	B	D	D	N	J	E	I	E	R	Z	Y	M
A	P	O	L	L	O	Z	X	J	U	B	E	J	T	S	C	E	R
U	Z	Z	V	G	M	H	R	G	H	J	O	E	H	Y	H	N	X

SPACE SHUTTLE	PAYLOAD	**FUN FACT:**
APOLLO	MISSION	THE FIRST ROCKET EVER LAUNCHED WAS THE
FALCON	SPACEWALK	V-2 ROCKET, WHICH WAS DEVELOPED BY THE
SATURN	ASTRONAUT	GERMANS DURING WORLD WAR II.
MERCURY	ZERO GRAVITY	
LAUNCH PAD	BOOSTERS	

ASTRONOMY #24

G	A	L	A	X	Y	V	C	H	Y	S	S	E	Q	D	O	N	Q
Q	G	B	T	O	G	I	Z	Y	Z	R	T	P	J	R	B	J	S
T	E	L	E	S	C	O	P	E	U	S	O	A	F	S	C	Z	S
F	N	T	V	J	V	G	H	V	S	W	F	M	R	O	D	F	I
A	C	H	A	R	J	M	Y	D	L	K	E	I	T	L	P	S	R
M	T	L	N	X	P	A	L	Z	E	S	C	Y	P	A	V	A	U
A	J	I	E	A	S	T	R	O	N	O	M	E	R	R	U	H	B
F	S	C	H	M	N	G	N	E	B	U	L	A	W	S	D	J	Z
E	N	I	E	E	Z	I	V	P	L	A	N	E	T	Y	V	T	Z
F	W	L	A	T	C	C	I	V	B	I	Q	T	D	S	Q	I	G
Q	X	N	M	E	T	A	K	B	O	H	E	O	A	T	L	T	L
O	O	Q	E	O	N	T	M	Q	M	M	L	C	P	E	W	S	H
K	N	Y	T	R	E	Y	K	E	O	D	C	G	I	M	Q	W	W
J	W	R	E	I	L	U	B	C	S	H	D	F	Z	R	X	P	D
K	W	V	O	T	N	G	U	B	X	L	H	B	V	W	A	D	E
N	U	X	R	E	N	U	T	U	W	V	H	F	T	Z	Z	K	Y
J	Z	Z	S	P	A	C	E	T	I	M	E	S	N	B	V	C	G
I	N	D	S	A	N	H	A	S	T	E	R	O	I	D	Q	D	H

STAR	TELESCOPE	FUN FACT:
PLANET	COMET	THE BRIGHTEST STAR IN THE SKY IS SIRIUS,
SOLAR SYSTEM	METEOR	WHICH IS ALSO KNOWN AS THE "DOG STAR"
GALAXY	METEORITE	AND IS PART OF THE CONSTELLATION
NEBULA	ASTEROID	CANIS MAJOR.
ASTRONOMER	SPACETIME	

E	C	L	I	P	S	E	I	E	Q	U	I	N	O	X	T	V	G
S	B	O	L	V	N	H	Z	F	Q	D	A	A	U	I	R	J	H
J	T	L	J	D	N	Q	I	E	N	C	H	U	K	N	K	S	A
T	R	A	N	S	I	T	E	J	C	O	V	R	H	V	C	U	K
E	T	L	U	M	E	T	E	O	R	S	H	O	W	E	R	P	A
S	G	K	A	E	M	E	I	N	P	R	C	R	J	O	I	E	W
O	C	A	U	R	O	R	A	B	O	R	E	A	L	I	S	R	C
L	E	O	B	D	C	F	B	L	S	I	D	A	E	V	R	M	F
A	S	L	N	T	M	M	W	P	C	I	O	U	Y	D	X	O	K
R	C	Y	G	J	J	D	J	V	O	T	R	S	M	N	S	O	Y
F	C	L	X	P	U	R	U	K	E	F	O	T	A	G	O	N	U
L	H	O	Y	N	L	N	T	K	G	F	Y	R	C	A	L	P	K
A	Z	T	M	V	I	K	C	L	P	D	J	A	E	T	S	H	P
R	H	U	P	E	V	A	G	T	L	J	Z	L	L	T	T	M	U
E	N	V	J	M	T	K	R	E	I	A	R	I	M	E	I	A	B
K	J	Q	C	L	L	Q	E	S	A	O	D	S	I	U	C	F	K
X	H	T	E	S	N	J	B	D	V	A	N	Z	U	C	E	B	N
S	A	T	E	L	L	I	T	E	R	L	M	G	B	N	M	W	T

ECLIPSE

SUPERMOON

EQUINOX

SOLSTICE

METEOR SHOWER

AURORA BOREALIS

AURORA AUSTRALIS

COMET

SATELLITE

SOLAR FLARE

TRANSIT

CONJUNCTION

FUN FACT:

THE NORTHERN LIGHTS, ALSO KNOWN AS THE AURORA BOREALIS, ARE CAUSED BY CHARGED PARTICLES FROM THE SUN COLLIDING WITH EARTH'S ATMOSPHERE.

ELECTRICITY #26

J	G	Z	U	O	B	B	R	Y	H	L	L	X	F	U	P	B	K
I	C	M	K	T	R	A	N	S	I	S	T	O	R	K	J	W	T
B	I	X	D	R	F	T	C	Y	W	Y	I	C	H	I	T	X	S
A	R	E	R	K	E	Q	J	D	G	K	F	U	D	X	F	R	W
T	C	B	D	G	X	S	O	A	I	D	S	R	Z	S	W	H	I
T	U	M	Y	E	M	X	I	C	Z	N	J	R	H	V	V	L	T
E	I	J	H	N	Q	X	O	S	M	V	H	E	Q	Q	P	W	C
R	T	H	M	E	A	F	O	S	T	E	P	N	M	E	C	W	H
Y	G	L	Z	R	I	T	Q	Z	P	A	Q	T	G	Z	A	I	Y
T	X	X	N	A	N	K	G	S	Y	L	N	A	L	P	P	R	R
S	R	N	A	T	D	K	T	N	H	J	T	C	Q	T	A	E	U
C	Z	Q	V	O	U	T	P	P	W	L	U	R	E	O	C	Z	D
K	L	C	V	R	C	V	E	W	O	G	T	Q	N	K	I	P	F
W	U	K	J	Z	T	Y	U	V	K	W	J	Q	N	L	T	H	V
F	P	J	F	T	A	P	R	J	H	C	H	L	Y	F	A	V	P
G	L	Q	A	Y	N	W	B	M	P	G	Z	L	V	W	N	N	M
F	U	O	J	N	C	Q	S	F	C	F	M	P	K	D	C	D	P
D	G	N	C	Y	E	D	S	U	U	O	L	P	V	F	E	H	C

CIRCUIT   TRANSISTOR
CURRENT   GENERATOR
VOLTAGE   BATTERY
RESISTANCE   WIRE
CAPACITANCE   SWITCH
INDUCTANCE   PLUG

FUN FACT:

THE FIRST ELECTRIC BATTERY WAS INVENTED BY
THE ANCIENT GREEKS OVER 2,000 YEARS AGO,
AND IT WAS MADE FROM CLAY AND COPPER.

BOOKS

J	X	I	A	H	S	P	T	A	U	H	L	K	L	T	E	O	W
E	P	O	H	I	E	U	B	R	C	X	X	M	S	T	S	G	O
A	X	E	H	Q	T	B	G	M	H	H	G	J	Q	E	I	E	A
B	U	E	U	U	T	L	R	K	Z	D	A	V	Z	O	V	C	D
I	N	T	V	P	I	I	R	D	C	V	T	R	U	B	Z	P	T
O	C	B	H	E	N	S	Z	E	O	O	F	O	A	W	W	U	T
G	A	H	N	O	G	H	N	I	S	D	N	I	W	C	T	R	Q
R	G	G	U	S	R	E	V	U	Y	O	Q	F	M	D	T	L	T
A	T	C	Q	B	T	R	A	D	G	B	L	I	L	A	E	E	P
P	I	L	L	U	S	T	R	A	T	O	R	U	S	I	D	F	R
H	F	I	C	T	I	O	N	M	T	U	H	H	T	U	C	Y	I
Y	W	Z	S	J	T	I	I	P	M	Z	R	L	I	I	D	T	M
U	N	O	N	F	I	C	T	I	O	N	A	B	M	M	O	V	O
H	M	C	G	G	J	V	G	Z	X	E	R	K	I	N	R	N	X
L	W	P	L	O	T	S	W	A	R	L	G	N	C	C	T	Z	T
Q	F	J	P	N	Y	R	A	N	E	X	H	W	P	V	M	Y	Z
V	E	A	X	R	L	F	E	S	W	I	V	X	J	B	Z	F	C
H	R	Q	F	S	G	G	Q	E	N	H	R	W	W	V	E	H	F

AUTHOR	SETTING
ILLUSTRATOR	CONFLICT
PUBLISHER	RESOLUTION
GENRE	FICTION
PLOT	NON FICTION
CHARACTER	BIOGRAPHY

FUN FACT:

THE LONGEST BOOK EVER WRITTEN IS
"THE ART OF COMPUTER PROGRAMMING,"
WHICH IS OVER 3,000 PAGES LONG AND
WEIGHS OVER 13 POUNDS.

COUNTRIES #28

C	X	L	N	F	P	O	P	U	L	A	T	I	O	N	P	P	K
C	O	O	X	U	W	W	P	U	G	L	W	F	W	L	R	Y	R
Z	T	N	I	I	M	V	Q	A	N	L	F	O	O	D	E	L	Q
P	F	O	S	L	N	H	U	S	R	D	P	R	M	M	S	P	N
P	G	W	B	T	I	K	E	Z	N	L	O	A	L	N	I	R	V
M	O	P	O	S	I	B	E	K	P	M	I	K	S	U	D	W	C
H	V	N	R	V	K	T	N	P	M	P	K	A	T	R	E	F	A
K	E	W	I	I	Y	L	U	P	H	F	M	L	M	R	N	K	P
M	R	B	B	U	M	O	N	T	W	K	V	A	S	E	T	O	I
C	N	K	Q	J	V	E	X	X	I	S	X	N	H	G	N	R	T
H	M	I	D	S	Y	M	M	N	M	O	Y	G	J	Q	Z	T	A
O	E	N	M	W	T	U	T	I	Z	C	N	U	T	J	S	H	L
Z	N	G	U	C	S	P	D	E	N	F	L	A	G	I	H	X	E
U	T	J	H	U	T	G	F	E	B	I	S	G	I	P	A	O	I
M	V	X	L	R	M	T	R	H	E	M	S	E	T	Z	E	F	X
D	U	G	Q	L	P	R	M	D	R	D	Q	T	D	F	R	N	W
O	R	S	Z	P	U	H	K	B	H	M	S	U	E	C	K	A	F
L	M	M	H	C	J	A	J	Y	Z	W	I	F	V	R	J	Q	E

CAPITAL	PRESIDENT	**FUN FACT:**
LANGUAGE	PRIME MINISTER	THE HIGHEST COUNTRY IN THE WORLD IS
FLAG	KING	BHUTAN, WHICH IS LOCATED IN THE HIMALAYAS
POPULATION	QUEEN	AND HAS AN AVERAGE ELEVATION OF
CURRENCY	PARLIAMENT	OVER 10,000 FEET.
GOVERNMENT	CONSTITUTION	

COLORS #29

U	L	U	C	X	A	P	E	B	I	S	F	Q	F	X	F	O	B
R	H	U	B	W	L	L	S	P	R	C	P	X	A	Z	K	D	C
Y	L	W	Q	B	B	R	X	E	N	S	A	E	H	V	G	K	Z
X	X	H	D	S	J	G	C	B	R	U	A	P	J	V	Z	D	J
K	C	N	K	N	B	E	R	A	A	D	G	U	I	A	I	J	A
X	N	O	X	N	E	G	Y	A	G	S	N	L	N	S	Y	Y
K	M	R	J	I	R	C	D	E	Y	R	F	K	Z	J	K	S	A
E	S	A	D	E	E	J	G	F	I	O	E	N	G	B	F	P	U
X	J	N	J	T	Z	E	J	T	I	A	W	E	B	L	U	E	I
E	Y	G	W	E	L	G	E	L	H	O	A	G	N	X	O	J	W
Z	M	E	K	P	T	U	B	C	R	S	S	J	A	Y	H	O	Q
J	R	X	R	Y	T	F	E	B	F	P	C	W	N	C	L	W	C
N	G	U	G	D	K	J	R	E	D	T	O	P	K	L	G	H	W
A	P	W	Q	C	Q	R	K	T	U	C	N	V	E	C	Q	I	W
S	Q	B	A	T	U	I	Z	U	T	V	D	Y	K	J	X	T	G
F	R	L	N	N	O	F	V	V	O	C	M	W	A	N	V	E	F
G	B	E	A	Z	J	U	Q	R	A	I	N	B	O	W	E	D	M
I	N	Q	U	I	Y	K	Y	P	Z	P	R	G	W	J	B	P	P

RED	**PINK**	**FUN FACT:**
ORANGE	**BROWN**	THE COLOR PURPLE WAS ONCE CONSIDERED
YELLOW	**BLACK**	SO RARE AND VALUABLE THAT IT WAS ONLY
GREEN	**WHITE**	WORN BY ROYALTY.
BLUE	**GRAY**	
PURPLE	**RAINBOW**	

OCCUPATIONS

P	S	D	P	W	C	H	E	F	T	O	Q	Q	S	N	U	I	G
P	Q	M	A	R	P	W	D	W	N	V	F	N	E	R	H	M	F
X	Q	H	C	I	L	M	X	A	G	B	X	R	D	A	A	B	M
H	H	V	T	T	Q	I	I	Z	H	M	E	B	M	W	C	F	M
J	M	O	O	E	L	C	K	P	V	H	A	T	H	L	E	T	E
C	L	F	R	R	I	P	D	S	C	F	Q	I	L	K	U	K	I
W	C	R	W	S	B	K	E	A	A	R	T	I	S	T	P	V	V
L	P	V	U	P	N	L	E	P	R	N	Y	C	E	X	R	R	W
A	Q	M	Z	P	H	T	P	B	R	V	W	G	M	I	O	E	E
E	G	Z	R	V	I	D	O	C	T	O	R	H	N	S	G	I	F
S	F	T	J	I	Q	Z	G	V	L	Q	K	N	M	Z	R	I	S
M	P	S	O	A	S	C	I	E	N	T	I	S	T	H	A	K	E
L	A	I	U	S	B	O	P	Q	O	Q	O	Z	M	O	M	W	A
O	G	T	A	X	E	H	I	Q	X	D	E	U	F	U	M	T	L
I	D	D	L	F	Y	M	P	S	O	M	Y	L	M	P	E	O	R
O	C	C	Y	O	R	U	X	M	B	T	W	M	C	A	R	N	G
F	B	S	M	Y	O	Z	J	L	A	W	Y	E	R	L	V	W	G
M	V	E	N	G	I	N	E	E	R	N	N	I	E	E	G	G	Z

TEACHER	MUSICIAN	**FUN FACT:**
DOCTOR	WRITER	THE MOST UNUSUAL OCCUPATION IN THE
LAWYER	ACTOR	WORLD IS PROBABLY A PROFESSIONAL
ENGINEER	ATHLETE	MERMAID, WHO PERFORM IN SHOWS AND
SCIENTIST	CHEF	EVENTS WHILE DRESSED IN A MERMAID COSTUME.
ARTIST	PROGRAMMER	

FLOWERS #31

```
Z X N X U P E D H U K O V H C W O G
D F Q E B F W I A W A A H D Y U D O
R W Q F T I Z G F B B G N S L L S Z
G S T F C D U J B L N G I P O X U F
R C Y C A W J B A I Q A W G M M N O
A M P F R L J S R S D U I C P D F H
U W X U B H A Z Z B M R X W X C L I
L K X E L D U D W V A I B M K H O Z
F H U F I Y P M E M D Z N C S K W H
B T N O K V E V L Y D X E O I E Z
L J W X W I T Q A M C A X B D Q R U
I T O G C T U Q Z P M F M L J D Y B
L H I L K Q N Q F H P F P U T Y D T
Y D R O E J I G P G L O V E X S P P
R B R V G Q A I Q Z H D U B L X L U
Y M L E U R L T M H S I E E U P K W
N A J S W U R O S E X L T L R F F F
S E Q P T H O R C H I D Q L I N L L
```

ROSE	ORCHID	**FUN FACT:**
TULIP	MARIGOLD	THE SMALLEST FLOWER IN THE WORLD IS THE
LILY	DAFFODIL	WOLFFIA GLOBOSA, WHICH IS A TYPE OF
DAISY	BLUEBELL	WATERMEAL THAT IS ONLY ABOUT 0.04 INCHES
SUNFLOWER	FOXGLOVE	LONG.
PETUNIA	JASMINE	

A	L	L	G	B	L	P	S	S	H	Z	I	H	E	B	O	S	M
D	M	X	N	X	W	E	T	I	K	K	X	C	V	G	Q	I	R
A	Y	A	J	Z	U	A	R	S	R	G	L	M	Z	R	S	M	J
Y	N	M	N	M	I	C	A	B	V	L	G	I	O	A	T	L	A
G	K	G	G	G	M	H	W	M	F	Z	W	M	R	P	Q	T	J
S	M	S	N	U	O	A	B	R	L	I	Z	W	A	E	X	N	D
B	E	A	L	S	N	J	E	I	K	R	G	Z	N	S	P	M	P
G	L	P	W	A	G	G	R	S	B	K	P	D	G	P	I	T	L
L	O	X	N	A	R	X	R	U	C	O	I	B	E	L	N	N	U
R	N	A	J	T	T	Y	C	R	M	M	H	V	O	E	T	Y
B	B	I	F	I	B	E	T	V	S	E	X	P	I	F	A	O	X
X	H	T	B	U	R	F	R	O	N	I	Y	I	Z	X	P	F	H
G	P	J	H	A	K	J	D	M	Y	N	X	O	O	U	P	O	D
L	A	R	F	P	U	T	P	W	E	L	C	I	L	G	L	H	S
L	H	K	N	P	H	M	I	D	P	L	W	R	Y	N	E	J	S
S	P	A	M	L	Q	E	O	A	F	A	O	L	J	D	R	D	R
A	U	L	U	E	B	S	I	Z	T	B	Z	N	N	K	K	E	R
F	S	W	X	O	P	R	B	I	I	Y	L	Q	H	O	U	G	C

APPLE	GRAPES
BANANA	WATERMELON
ORANGE	MELON
STRAWBERRY	KIWI
MANGO	PEACH
PINEAPPLE	PLUM

FUN FACT:

THE MOST EXPENSIVE FRUIT IN THE WORLD IS THE DENSUKE WATERMELON, WHICH IS GROWN ONLY ON THE ISLAND OF HOKKAIDO IN JAPAN AND CAN SELL FOR OVER $6,000.

VEGETABLES

I	J	W	F	J	C	A	H	B	M	R	E	M	W	E	B	X	Z
W	M	F	U	D	Y	R	W	C	A	B	B	A	G	E	T	V	Z
D	I	Q	V	D	A	U	A	X	L	K	K	N	B	W	B	W	D
X	J	V	F	H	J	A	G	D	B	I	K	V	Z	K	E	C	W
L	I	K	W	F	D	H	E	N	I	E	C	W	X	K	L	U	J
J	K	I	M	P	T	R	R	A	T	S	H	K	Y	R	L	O	A
D	H	W	Y	D	O	O	K	L	Z	O	H	C	K	C	P	X	W
N	R	Z	P	E	C	T	M	T	C	J	R	M	N	A	E	H	B
R	F	W	Q	Q	N	E	A	A	O	Y	S	T	R	U	P	K	R
H	T	R	R	C	V	U	W	T	T	G	P	Q	G	L	P	O	O
H	H	F	O	V	X	D	A	A	O	O	B	X	J	I	E	D	C
Z	I	Y	E	G	G	P	L	A	N	T	Q	N	D	F	R	U	C
X	N	B	O	Z	F	J	J	K	O	O	Z	S	X	L	N	Q	O
T	S	A	N	B	O	T	A	R	B	B	O	V	T	O	V	Q	L
M	F	J	I	B	J	P	R	R	X	L	Z	Y	A	W	G	A	I
T	Q	X	O	A	Z	A	E	Z	D	M	R	S	F	E	R	O	Q
U	M	Q	N	F	C	T	V	A	H	Q	M	F	G	R	E	T	U
A	V	B	D	N	N	G	S	W	K	K	X	A	X	A	J	M	C

CARROT	BROCCOLI	**FUN FACT:**
POTATO	CABBAGE	THE VEGETABLE WITH THE LONGEST LIFESPAN
TOMATO	CAULIFLOWER	IS THE SWEET POTATO, WHICH CAN LAST FOR
ONION	EGGPLANT	SEVERAL MONTHS IF STORED PROPERLY.
PEA	BELL PEPPER	
CORN	RADISH	

Q	G	P	Y	Y	L	L	A	W	U	Q	T	B	B	Y	V	A	Q
T	R	A	I	N	N	M	U	H	V	A	P	J	P	V	B	J	L
S	A	N	T	X	C	O	L	Z	O	D	F	O	R	C	J	S	C
P	Q	I	Y	U	A	N	J	B	Y	O	M	B	S	M	L	M	O
A	G	B	I	O	B	O	K	M	V	G	O	R	U	N	Y	M	A
H	E	D	S	O	L	R	N	E	R	N	T	J	P	H	Z	F	N
Q	Q	P	T	R	E	A	C	D	V	U	O	C	U	V	M	Y	E
G	G	Y	P	W	C	I	C	R	E	S	R	A	C	D	S	E	Z
S	L	X	Q	H	A	L	R	B	S	C	C	R	V	I	Y	L	T
R	U	W	F	H	R	Z	R	C	C	P	Y	T	B	M	W	B	P
W	C	E	R	S	W	U	N	B	O	U	C	V	E	H	E	M	B
H	S	X	B	B	U	F	Z	G	O	Q	L	R	Z	P	G	J	W
T	Z	Q	U	U	I	B	I	M	T	J	E	Y	V	L	X	J	Q
U	E	C	G	B	X	C	W	L	E	P	A	L	M	A	A	O	G
H	L	L	E	U	B	N	Y	A	R	F	T	A	A	N	H	B	V
R	T	N	S	S	K	Y	K	C	Y	N	R	V	O	E	A	U	C
B	Y	I	T	N	U	P	T	U	L	T	M	K	Y	O	N	J	L
Z	D	G	X	Y	K	Q	I	G	J	E	H	R	H	M	C	N	R

CAR	MOTORCYCLE
BUS	SCOOTER
TRAIN	SUBWAY
PLANE	TRAM
BOAT	CABLE CAR
BICYCLE	MONORAIL

FUN FACT:

THE FASTEST AIRCRAFT IN THE WORLD IS THE LOCKHEED SR-71 BLACKBIRD, WHICH CAN FLY AT SPEEDS OF UP TO 2,193 MPH.

CLOTHING

W	Z	M	L	R	K	C	P	X	X	I	N	P	A	N	T	S	A
J	A	C	K	E	T	K	J	X	B	G	Q	N	T	Y	W	W	F
M	F	J	I	C	I	S	C	A	R	F	F	R	F	I	W	B	P
G	J	I	R	H	Z	F	W	E	M	G	I	G	G	S	I	C	Z
I	C	T	C	R	H	A	T	Q	X	K	K	U	T	G	M	X	I
G	L	O	V	E	S	L	G	P	S	H	T	C	A	C	P	W	B
Q	B	M	E	X	V	I	S	T	D	T	W	L	O	S	W	H	F
Q	M	P	S	O	Q	C	A	N	O	D	C	L	B	A	X	P	M
H	H	X	W	T	S	T	T	Q	T	R	C	E	O	S	T	B	K
I	C	J	P	R	O	Y	P	M	S	E	A	F	J	Y	H	K	X
S	Y	V	I	S	C	G	Z	U	Z	S	Q	G	D	G	S	U	I
M	W	Z	E	Q	K	G	S	T	U	S	M	X	K	I	J	C	V
O	L	O	G	P	S	Q	A	I	Y	X	M	O	L	S	Z	I	B
J	H	Q	V	Q	Q	C	O	S	J	O	I	Z	S	V	M	J	C
S	Q	P	Z	C	J	Q	M	H	E	Y	H	T	I	S	Y	E	E
J	V	V	G	I	X	Y	L	I	L	B	B	P	M	P	C	A	U
T	E	O	N	N	W	E	X	R	I	J	E	L	D	Y	K	N	H
M	G	G	Y	S	E	P	J	T	J	F	N	E	C	F	Y	S	H

		FUN FACT:
SHIRT	**SOCKS**	
DRESS	**HAT**	THE LONGEST DRESS IN THE WORLD IS THE
PANTS	**COAT**	QIPAO, WHICH IS A TRADITIONAL CHINESE DRESS
JEANS	**JACKET**	THAT CAN BE OVER 9 FEET LONG.
SKIRT	**SCARF**	
SHOES	**GLOVES**	

R	Q	J	R	W	L	P	J	Y	Z	N	G	S	H	C	J	V	P
M	B	W	E	F	O	X	X	O	I	P	X	P	C	W	Z	Q	A
X	T	D	Y	A	T	L	R	I	W	C	Z	Y	V	C	N	K	M
F	F	R	S	G	L	Q	I	N	M	Y	H	T	S	D	M	X	S
A	A	Y	E	Z	Z	O	X	Q	S	Q	G	K	V	Z	B	O	U
C	C	P	I	N	J	P	U	J	V	T	U	G	H	Z	J	O	Y
Y	Z	T	Y	X	V	R	M	S	Z	A	Y	R	R	A	A	R	H
L	W	E	N	Z	C	Y	N	S	Y	Z	O	V	X	T	P	V	Q
O	G	B	A	V	D	E	P	R	E	S	S	I	O	N	A	P	A
K	L	D	R	N	I	J	M	O	W	N	V	I	G	N	G	O	Y
D	I	F	Y	H	G	C	M	N	S	L	C	U	U	J	T	V	V
M	N	G	O	F	F	R	G	N	U	I	A	V	P	B	B	R	Y
N	J	V	Y	M	Y	S	Y	R	M	L	N	P	R	I	D	E	C
X	R	D	O	V	F	J	Q	K	U	O	X	T	Q	M	D	G	B
S	A	D	H	O	P	E	E	A	Q	V	I	Y	X	X	C	S	I
E	F	H	T	K	V	T	A	A	R	E	E	N	W	R	S	W	L
N	G	G	B	L	Z	A	R	R	S	B	T	I	K	D	G	W	I
L	K	Z	X	T	C	C	W	F	D	O	Y	J	T	T	C	A	Q

HAPPY	**ENVY**	**FUN FACT:**
SAD	**JEALOUSY**	THE EMOTION THAT IS MOST CONTAGIOUS IS
ANGRY	**ANXIETY**	LAUGHTER, WHICH CAN BE SPREAD THROUGH
FEAR	**DEPRESSION**	SOCIAL INTERACTIONS AND EVEN THROUGH
LOVE	**HOPE**	HEARING RECORDINGS OF LAUGHTER.
JOY	**PRIDE**	

SHAPES

Y	Q	K	D	Z	C	W	R	Q	G	Z	H	Y	S	K	H	W	M
M	D	Q	O	H	T	M	K	X	X	N	U	Q	V	T	R	E	C
O	R	K	Q	J	S	Q	U	A	R	E	Y	V	M	T	X	H	Q
P	H	A	R	E	C	T	A	N	G	L	E	P	N	J	D	M	I
P	E	P	F	Q	R	H	C	D	R	P	I	W	O	M	A	S	X
D	X	M	I	K	S	R	W	P	G	J	E	X	U	C	F	I	V
Z	A	I	C	Y	L	I	N	D	E	R	H	J	T	H	N	I	G
S	G	L	E	H	L	Q	T	H	C	D	H	F	H	F	I	H	Q
Q	O	O	S	P	H	E	R	E	O	A	S	E	L	F	F	F	D
D	N	C	E	G	T	F	K	Q	Q	M	L	A	E	G	P	T	F
K	Y	T	W	B	V	M	K	D	Y	G	V	B	B	K	J	P	O
G	I	A	V	Q	H	B	M	I	N	O	U	Z	C	G	U	V	R
K	N	G	L	J	U	I	B	A	P	C	O	U	Q	X	E	K	U
Z	O	O	O	Z	P	W	I	M	B	C	C	V	I	B	R	T	N
F	Y	N	Q	D	I	R	W	O	B	W	H	C	I	R	C	L	E
U	S	P	A	X	T	R	L	N	G	U	D	U	Z	S	L	W	V
V	Z	I	S	H	O	U	P	D	I	R	L	Q	F	G	X	F	L
W	O	H	R	K	Z	X	B	P	E	N	T	A	G	O	N	V	J

CIRCLE	HEXAGON	**FUN FACT:**
SQUARE	OCTAGON	THE SHAPE WITH THE MOST SIDES IS THE
TRIANGLE	PENTAGON	HEXACONTAGON, WHICH HAS 60 SIDES.
RECTANGLE	SPHERE	
OVAL	CYLINDER	
DIAMOND	CUBE	

TREES #38

T	L	B	G	Q	N	Y	Z	C	O	H	I	W	S	G	O	D	M
O	R	M	C	R	O	V	M	O	N	W	J	E	B	T	E	A	T
M	A	P	L	E	I	D	A	B	A	I	L	O	H	I	N	B	K
F	W	B	N	E	Z	N	P	Y	Y	K	W	S	P	W	A	M	I
S	Y	I	U	C	E	P	P	J	P	B	L	O	G	J	A	S	M
T	Z	R	G	I	U	E	L	O	I	W	K	R	U	S	W	W	A
M	Y	C	X	M	M	G	E	B	N	I	V	E	Z	Z	C	F	X
Z	B	H	Z	E	Z	G	V	M	U	L	W	D	T	B	Q	I	B
D	N	R	Y	D	Z	X	G	R	M	L	C	W	E	B	P	G	U
Q	B	X	C	H	E	R	R	Y	K	O	B	O	O	X	E	H	N
O	B	J	B	O	A	C	R	P	B	W	V	O	Q	S	Z	Z	D
P	I	N	E	O	Y	S	P	R	U	C	E	D	O	X	A	E	W
J	M	D	E	Z	E	Z	O	N	Y	G	O	L	H	Q	E	A	Y
F	X	V	L	R	N	C	B	M	L	V	P	E	H	P	Q	W	O
K	O	J	M	Q	W	Q	P	G	E	Y	S	G	K	J	A	W	V
N	T	O	T	T	H	B	P	G	M	T	M	U	L	H	P	L	V
B	M	M	G	S	Y	F	P	B	O	E	H	G	G	N	U	Q	M
P	H	G	S	H	Y	G	Y	I	N	Z	T	C	T	X	J	O	A

OAK	CHERRY	**FUN FACT:**
MAPLE	APPLE	THE TALLEST TREE IN THE WORLD IS THE
PINE	LEMON	COAST REDWOOD, WHICH CAN GROW UP
WILLOW	PALM	TO 379 FEET TALL.
BIRCH	REDWOOD	
ELM	SPRUCE	

```
W O L B O J U Z Y N B Y D R I L L S
L E A S Y G M N X H P L E P B H Q A
J V I A R D Y H D J A R T D J X E F
A O D N L K E W E V U M F A S W H M
E W R D J F T J A S B O M X L W T B
P G T P V Q A V A C P X L E I R H L
L L Z A X G Q E Z A L E J J R E F E
I S T P A S M G O S V G U W Y N U P
E L R E K E Y J B E C Q K E M C E S
R P M R P J F L L U T O G S M H A J
S E Y A S M W A T T W T S C J G X S
I A T K P A Z G L S C I Q Q G O E C
T T G H S C R E W D R I V E R P U R
D P Y N U U C Z A W N K M D B A O E
Y J I C H I S E L I N A W B A Q O W
F M H F E A I M S J S U I N Z N R I
R O P F N P Z J X B W F M L V V B Z
P R R U H D R W H D A J D Z U O P K
```

HAMMER

SCREWDRIVER

WRENCH

PLIERS

SAW

DRILL

SCREW

NAIL

TAPE MEASURE

LEVEL

CHISEL

SANDPAPER

FUN FACT:

THE MOST USEFUL TOOL IN THE WORLD IS THE SWISS ARMY KNIFE, WHICH HAS A VARIETY OF TOOLS SUCH AS A KNIFE, SCISSORS, AND A SCREWDRIVER BUILT INTO IT.

FURNITURE #40

Y	Q	B	X	S	D	D	L	K	Y	W	J	D	V	N	N	J	S
I	R	P	S	Y	Z	R	H	V	T	N	E	M	A	Y	Y	T	M
T	Y	D	X	H	Z	M	E	L	X	B	K	M	P	S	O	F	A
U	A	E	F	M	Y	R	E	S	B	E	O	H	B	T	G	A	C
R	M	N	X	T	A	B	L	E	S	T	Y	V	O	B	V	Q	N
W	H	N	H	B	Z	U	K	U	T	E	Q	O	O	G	O	X	N
R	U	G	G	K	K	Q	N	O	M	K	R	S	K	H	L	R	L
C	O	K	E	K	D	R	G	C	Y	O	J	A	S	K	R	Q	D
U	G	Z	H	G	V	E	H	H	V	K	K	G	H	H	C	L	R
D	W	N	R	S	Z	H	G	A	G	W	X	F	E	M	J	F	A
K	I	N	Z	L	P	K	P	I	F	V	Y	Z	L	I	W	N	W
F	Q	P	U	Z	S	F	T	R	S	X	H	P	F	R	L	R	E
W	Z	O	W	E	A	G	Q	R	Z	S	D	A	C	R	A	E	R
S	G	T	D	L	O	T	M	F	A	C	E	V	P	O	M	M	S
B	G	B	W	L	X	L	W	C	X	A	I	Q	Q	R	P	E	L
H	W	K	K	H	V	A	I	X	Z	P	N	V	X	T	Z	Z	F
S	X	A	E	K	H	S	S	N	G	U	U	Z	N	D	A	J	F
A	F	E	R	I	S	O	H	H	L	N	P	R	H	J	Q	H	X

TABLE   DRAWERS

CHAIR   BOOKSHELF

SOFA   OTTOMAN

BED   LAMP

DRESSER   MIRROR

DESK   RUG

FUN FACT:

THE MOST UNUSUAL PIECE OF FURNITURE IN THE WORLD IS THE "COUCH POTATO," WHICH IS A COUCH SHAPED LIKE A GIANT POTATO.

APPLIANCES

```
G Z W S E Q X H Q R E V V N W K C V
M Q K A T C D T N W D Z Z B K Q P F
K W D H S E O F I T U R C R R L L O
I W V S V H D F B M E T E G V G V O
Y V O O O K I A F H N N Y U C J J D
J O T O V H D N S E A J D Y L Q Q P
F S O N E W C A G E E H L E S G M R
Y I X Q N Z W Z L M D M G O R Z B O
L S W I V H Y C B W A D A J U B L C
N V Z F S L M B Q S I C Y K Q U E E
Y R F I J U H A W R E G H L E V N S
K H D S U E I K F R U P C I A R D S
X Q Q C Q J K Q E B Y V V K W N W E O
R X A E W T S T P J C Z O R R E R R
P V L C K W S V X F M R R E W U G C
B Q V X Z A W C X T C K Y J M J M P
S U Z K O F J C L I M R V Z F P O S
Z Q E T V T T S M S D D H G G J T W
```

FRIDGE
STOVE
OVEN
DISHWASHER
MICROWAVE
WASHING MACHINE

DRYER
VACUUM CLEANER
TOASTER
BLENDER
COFFEE MAKER
FOOD PROCESSOR

FUN FACT:

THE OLDEST KNOWN APPLIANCE IN THE WORLD IS THE WATER CLOCK, WHICH WAS USED TO MEASURE TIME IN ANCIENT CIVILIZATIONS OVER 2,000 YEARS AGO.

TOYS

C	N	M	A	D	F	B	Y	P	I	V	Z	L	F	D	J	T	S
I	V	P	L	A	Y	D	O	H	T	V	L	W	H	G	X	E	Z
Q	X	K	O	L	B	F	V	M	E	O	Q	C	I	Y	L	X	Q
W	O	O	M	E	H	Y	K	S	D	U	B	Y	Y	B	U	E	K
F	F	G	V	D	F	U	H	M	X	E	U	J	R	Q	R	I	A
A	C	T	I	O	N	F	I	G	U	R	E	A	S	R	G	H	M
G	V	V	L	R	J	A	C	K	S	J	M	Q	O	D	Z	M	A
F	I	N	B	Y	W	B	O	A	R	D	G	A	M	E	O	C	Z
U	D	O	Y	K	E	N	I	E	O	A	U	S	T	V	M	O	A
J	E	D	R	W	Q	O	D	B	E	R	Y	X	E	K	R	V	F
I	O	K	W	T	S	B	B	W	N	P	U	Z	Z	L	E	N	B
W	G	U	B	T	E	D	D	Y	B	E	A	R	C	K	U	T	A
O	A	Q	Z	O	W	C	S	F	L	M	W	U	R	I	S	H	F
Y	M	G	V	Y	D	W	L	R	Q	X	S	J	Z	M	V	C	T
I	E	E	M	K	V	O	I	S	Q	X	O	U	X	U	S	X	W
D	R	E	B	U	G	L	N	H	B	Y	O	Y	O	B	M	S	G
P	F	P	Z	E	P	S	K	C	X	B	Z	Z	D	Z	M	W	A
L	V	U	L	U	U	W	Y	F	T	Z	B	H	O	F	I	W	W

DOLL	VIDEO GAME
TEDDY BEAR	YOYO
ACTION FIGURE	SLINKY
LEGO	JACKS
PUZZLE	MARBLES
BOARD GAME	PLAY DOH

FUN FACT:

THE MOST POPULAR TOY IN THE WORLD IS THE LEGO, WHICH HAS BEEN SOLD IN OVER 140 COUNTRIES AND HAS OVER 600 BILLION BRICKS IN CIRCULATION.

GAMES #43

```
J P D H E A R T S M F M C J X R V M
I C X J Q C H E C K E R S Z K H O K
O L D M A I D C S R X E Q O E U H Q
J G F I A H E E H O Q U G L F Z V E
N F Q S S D U J M H Z C S A X P W W
B E K E C N C V X I T H P G T O S H
I V L W S X N X X W Z R A Q L K C N
J Q Z I K T T Z T O B E D Y G E R W
U R S I I K R P I M W U E U E R A Q
T V R V R X E R X U O D S K I Q B Q
F I L F O S F Q Q P S N I Z L B B E
W K D H C G O F I S H M O M H Q L N
N F S E Y O P P C H E S S P T G E K
I Q G Y M P U K H H F P H W O L H F
D L C W M L X R M W D F V X M L B H
L B R I D G E T F B N Y G B C Y Y E
V Z X M K R U M M Y A C Z S Z O H G
Z B R E Y R M T T S B I C Z H T T F
```

MONOPOLY	OLD MAID	**FUN FACT:**
CHESS	SPADES	THE OLDEST KNOWN GAME IN THE WORLD IS
CHECKERS	HEARTS	THE BOARD GAME "SENET," WHICH WAS PLAYED
POKER	RUMMY	IN ANCIENT EGYPT OVER 5,000 YEARS AGO.
SCRABBLE	BRIDGE	
GO FISH	EUCHRE	

CAMPING

Q	T	X	W	Y	Z	W	Z	S	U	N	S	C	R	E	E	N	M
Y	W	R	S	W	P	M	Q	E	V	D	K	H	A	I	L	D	I
X	Y	E	C	A	P	R	L	U	U	G	U	W	K	A	J	Z	L
T	F	B	M	A	R	S	H	M	A	L	L	O	W	S	W	Y	N
H	S	U	O	L	O	I	Q	O	I	E	K	F	U	H	A	G	J
E	V	X	P	I	X	A	M	N	T	E	N	T	Y	B	M	Q	X
I	N	S	E	C	T	R	E	P	E	L	L	E	N	T	N	E	G
M	W	C	F	P	B	S	I	E	R	M	L	H	F	J	V	N	S
P	A	O	L	I	H	A	L	I	R	D	E	W	L	T	E	C	S
S	T	M	J	X	R	M	C	E	H	T	U	I	A	O	L	A	T
A	E	P	H	I	Z	S	I	K	E	P	V	D	S	S	N	M	E
T	R	A	I	B	X	V	T	E	P	P	L	N	H	T	S	P	J
U	B	S	K	N	E	Y	D	A	I	A	I	J	L	L	K	F	D
I	O	S	I	X	C	M	P	D	I	Y	C	N	I	V	W	I	Q
S	T	B	N	M	B	J	N	B	U	D	G	K	G	I	D	R	W
G	T	V	G	B	J	C	D	P	D	K	K	F	H	B	W	E	U
J	L	N	E	J	F	Z	S	H	J	X	M	I	T	Z	A	P	V
E	E	W	H	A	V	G	G	D	Q	H	G	K	T	V	C	G	F

TENT	**COMPASS**	**FUN FACT:**
SLEEPING BAG	**FLASHLIGHT**	THE MOST ADVENTUROUS FORM OF CAMPING
CAMPFIRE	**INSECT REPELLENT**	IS "BACKPACKING," WHICH IS WHEN PEOPLE
MARSHMALLOWS	**SUNSCREEN**	CAMP IN THE WILDERNESS WHILE CARRYING
HIKING	**FIRST AID KIT**	ALL OF THEIR GEAR IN A BACKPACK.
BACKPACK	**WATER BOTTLE**	

MYTHICAL CREATURES #45

B	L	A	R	Q	P	V	D	R	A	G	O	N	G	O	N	P	P
W	E	Q	P	Q	H	H	O	D	U	Y	G	F	K	C	T	E	Y
C	Q	T	O	O	S	E	I	Q	F	R	Z	D	D	T	O	J	N
Y	R	S	Q	R	C	A	K	B	O	T	Y	I	Z	H	A	M	U
C	G	G	R	O	M	J	P	O	H	O	L	V	S	N	Q	Q	Z
L	T	B	N	R	G	H	M	J	U	C	E	N	T	A	U	R	U
O	T	J	E	A	V	F	I	L	N	G	C	H	I	M	E	R	A
P	S	M	E	K	Z	X	N	U	Y	J	M	B	M	S	F	L	S
S	U	A	M	E	R	T	O	D	M	Y	U	Z	P	J	Y	Y	P
C	F	G	T	I	W	N	T	I	P	W	E	A	H	J	F	R	H
V	B	X	P	Y	B	Q	A	C	H	O	G	K	O	A	M	A	I
Z	T	A	W	S	R	Z	U	K	T	R	E	N	E	W	X	B	N
C	N	F	I	H	T	I	R	H	O	C	Q	N	N	W	O	N	X
K	B	U	N	I	C	O	R	N	C	F	O	H	I	K	D	R	R
R	E	G	B	Z	F	R	H	Y	V	T	I	G	X	F	N	J	U
I	I	F	D	N	A	M	R	B	D	J	P	R	B	C	T	R	B
G	Q	I	Z	J	V	V	U	E	L	G	R	I	F	F	O	N	Q
H	J	S	K	W	V	S	J	D	W	O	K	C	K	B	P	K	Y

DRAGON   **CYCLOPS**

UNICORN   **SPHINX**

PHOENIX   **CHIMERA**

MERMAID   **NYMPH**

CENTAUR   **SATYR**

MINOTAUR   **GRIFFON**

FUN FACT:

THE MOST FAMOUS MYTHICAL CREATURE IS THE UNICORN, WHICH IS A HORSE-LIKE CREATURE WITH A SINGLE HORN ON ITS FOREHEAD AND IS KNOWN FOR ITS MAGICAL POWERS.

ART #46

B	J	B	T	Z	P	T	B	V	E	U	L	C	Q	O	N	K	N
F	Y	K	J	E	W	T	Q	O	G	H	A	Q	P	J	C	V	M
X	N	J	E	A	X	X	W	N	Q	E	Y	J	Z	N	P	C	L
K	U	C	M	G	R	T	I	I	E	B	S	B	F	B	Z	J	J
M	X	E	V	U	S	W	I	S	C	U	L	P	T	U	R	E	J
V	O	R	L	N	A	K	Z	L	L	W	L	T	W	Y	D	Q	G
T	O	A	L	R	X	Q	N	M	E	R	M	C	I	S	P	W	B
W	W	M	D	W	Y	S	T	J	T	U	M	S	M	P	Q	T	V
K	A	I	Y	W	X	D	Q	Z	C	A	A	V	D	L	F	M	F
F	E	C	P	E	R	F	O	R	M	A	N	C	E	Z	W	Y	T
X	Q	S	V	C	O	L	L	A	G	E	D	K	S	L	X	O	R
A	G	D	Y	A	H	M	I	X	E	D	M	E	D	I	A	F	Q
W	K	L	X	P	A	I	N	T	I	N	G	W	A	Z	N	R	A
V	W	O	A	N	J	F	A	I	C	O	L	Q	O	J	R	S	Y
U	W	I	N	S	T	A	L	L	A	T	I	O	N	Q	M	M	S
F	E	M	I	V	S	P	R	I	N	T	M	A	K	I	N	G	Y
X	S	I	T	C	K	P	H	O	T	O	G	R	A	P	H	Y	Q
J	S	F	Z	B	R	M	Y	H	M	K	Z	R	O	Z	H	E	I

PAINTING

DRAWING

SCULPTURE

PHOTOGRAPHY

COLLAGE

PRINTMAKING

MIXED MEDIA

INSTALLATION

PERFORMANCE ART

TEXTILE ART

CERAMICS

GLASS

FUN FACT:

THE MOST POPULAR WORK OF ART IN THE WORLD IS THE "MONA LISA," WHICH IS A PAINTING BY LEONARDO DA VINCI THAT IS KNOWN FOR ITS ENIGMATIC SMILE AND HAS BEEN VIEWED BY MILLIONS OF PEOPLE.

O	F	C	H	O	P	S	T	I	C	K	S	J	W	G	W	F	N
O	E	U	W	P	C	P	U	T	F	Y	I	F	C	O	P	T	B
F	E	M	G	D	E	B	F	K	R	S	C	I	S	S	O	R	S
X	O	L	N	F	E	X	M	B	T	Z	R	L	B	V	Q	W	R
U	X	R	I	R	I	U	H	E	C	A	N	O	P	E	N	E	R
I	R	N	K	J	J	Z	J	S	M	D	P	E	E	L	E	R	S
M	K	G	W	F	Y	M	G	V	P	G	Q	E	E	S	O	G	Z
V	I	U	H	P	G	W	V	P	N	A	L	I	N	J	N	V	H
L	V	J	I	L	K	R	Y	N	E	Y	T	T	L	O	I	D	A
V	A	Y	S	U	P	I	A	Y	U	W	Q	U	T	U	J	E	I
P	S	D	K	I	L	N	F	T	K	F	X	X	L	K	C	L	M
L	L	J	L	U	C	W	S	T	E	Q	Q	V	D	A	X	E	K
I	L	R	P	E	Y	V	P	I	J	R	J	V	U	V	M	H	A
R	F	Z	K	X	Z	G	O	W	H	O	T	L	J	G	K	V	S
J	W	C	J	M	I	B	O	W	H	K	N	W	G	G	X	F	X
N	X	K	Y	Q	H	P	N	J	D	G	M	V	Z	Y	Q	V	V
Y	P	Q	U	W	A	N	R	N	V	C	O	C	V	D	O	N	F
P	B	G	J	M	I	S	O	A	L	K	O	Y	D	B	Y	S	W

SPOON	SPATULA	**FUN FACT:**
FORK	TONGS	THE OLDEST KNOWN UTENSIL IN THE WORLD IS
KNIFE	PEELER	THE SPOON, WHICH HAS BEEN USED FOR
CHOPSTICKS	GRATER	OVER 9,000 YEARS.
WHISK	SCISSORS	
LADLE	CAN OPENER	

SUPERHEROES

#48

```
J C D F F V D Q E M J F V J Z N E P
P R X S I B E D G Y L A B N A B N N
P S U P E R M A N U Z F R M Y A E Q
H V U R D P E O R K C E R X B J A N
F V O U I W Q K W Q T E M T V P X X
N H J X L S T C B N D L P R X Q A W
T A A U C A P T A I N A M E R I C A
B J S O Y H E L P A U W D K B V K W
M L H A O J N S N S B O I X J R M X
M T A R G E G A X P S N C A W A K X
T T H C E B M Z M Y M D H Q F S I N
A H N R K T R A P P I E S U R J G M
Z E G N A W Q I O Q R R J A B C L J
K F Q B S U I R H X O W S M H I Z Y
D L R M J E M D J X N O S A L C J H
H A I I T J E V O T M M W N Y W T G
N S T E T J Q I I W A A H A P G X M
T H E H U L K M B L N N M N P A W V
```

SUPERMAN
BATMAN
SPIDER MAN
WONDER WOMAN
CAPTAIN AMERICA
IRON MAN

THE HULK
THOR
BLACK WIDOW
THE FLASH
GREEN LANTERN
AQUAMAN

FUN FACT:
THE MOST POWERFUL SUPERHERO IN THE WORLD IS "THE HULK," WHICH IS A CHARACTER CREATED IN 1962 WHO CAN TRANSFORM INTO A GIANT GREEN MONSTER WITH SUPERHUMAN STRENGTH.

LANDMARKS #49

P	C	Q	P	C	H	I	C	H	E	N	I	T	Z	A	U	Y	Q
S	T	O	G	B	B	E	G	I	U	C	M	J	A	N	Y	D	V
Y	O	A	V	O	R	L	R	C	A	O	P	T	Z	R	A	C	E
D	W	I	J	L	A	S	E	N	L	L	V	B	Z	G	Q	M	V
N	U	M	W	M	V	M	A	G	D	O	W	I	X	S	P	O	I
E	D	J	U	P	A	T	T	Y	Q	S	O	G	G	C	V	U	L
Y	U	A	M	Y	T	H	W	C	H	S	J	B	E	J	J	N	J
O	M	X	R	I	F	K	A	E	I	E	E	T	R	W	T	P
P	L	W	P	H	N	U	L	L	W	U	Z	N	E	X	Q	R	G
E	Z	P	O	M	V	N	L	G	F	M	R	P	G	M	Z	U	S
R	S	T	A	T	U	E	O	F	L	I	B	E	R	T	Y	S	P
A	Y	U	L	U	E	I	F	F	E	L	T	O	W	E	R	H	M
H	Z	S	W	R	B	L	C	N	D	Z	C	R	D	W	W	M	X
O	H	O	Q	M	A	C	H	U	P	I	C	C	H	U	X	O	U
U	M	M	W	G	B	P	I	G	D	L	M	M	E	K	V	R	P
S	Z	A	B	R	N	U	N	J	P	G	R	N	F	R	R	E	U
E	I	L	C	P	Y	R	A	M	I	D	O	F	G	I	Z	A	K
P	C	H	R	I	S	T	T	H	E	R	E	D	E	E	M	E	R

EIFFEL TOWER
GREAT WALL OF CHINA
PYRAMID OF GIZA
TAJ MAHAL
SYDNEY OPERA HOUSE
BIG BEN

STATUE OF LIBERTY
MOUNT RUSHMORE
CHRIST THE REDEEMER
COLOSSEUM
MACHU PICCHU
CHICHEN ITZA

FUN FACT:
THE MOST ICONIC LANDMARK IN THE WORLD IS THE "STATUE OF LIBERTY," WHICH IS A STATUE IN NEW YORK CITY THAT IS A SYMBOL OF FREEDOM AND DEMOCRACY.

S	S	H	U	Y	S	W	V	C	M	Y	P	R	D	P	Z	B	E
L	C	H	Y	D	R	O	G	E	N	O	X	Y	G	E	N	P	W
H	S	H	E	L	Z	P	X	U	W	R	U	B	W	Q	V	L	C
P	M	Y	M	Q	N	P	O	A	T	K	Y	O	K	Q	G	K	Q
X	G	I	N	Q	W	E	B	K	R	I	M	R	A	D	B	Z	W
L	I	T	H	I	U	M	O	U	Y	T	Q	M	V	N	F	A	W
N	I	S	T	K	T	O	T	N	H	L	E	Z	D	Z	L	P	E
P	F	T	W	H	A	R	N	Q	I	F	L	U	O	R	I	N	E
F	K	W	H	C	L	M	O	O	P	M	U	X	O	M	K	A	M
S	U	K	N	A	Y	O	R	G	M	K	S	S	O	D	I	U	M
T	W	F	B	P	I	S	T	U	E	H	X	G	C	Y	Y	D	Z
F	Z	F	P	F	E	I	I	N	Q	N	H	E	L	I	U	M	J
J	S	Y	I	T	B	L	F	M	A	G	N	E	S	I	U	M	B
J	N	G	O	I	L	O	G	K	D	J	F	I	K	R	R	R	O
E	H	A	T	Y	I	W	K	P	M	T	O	V	K	D	B	L	R
F	L	M	R	S	Z	Y	W	R	C	A	R	B	O	N	C	A	O
N	A	E	M	W	W	Q	H	I	C	X	L	E	E	I	B	M	N
S	B	S	R	S	M	J	C	G	E	A	L	N	P	A	B	Q	V

HYDROGEN   NITROGEN

HELIUM   OXYGEN

LITHIUM   FLUORINE

BERYLLIUM   NEON

BORON   SODIUM

CARBON   MAGNESIUM

FUN FACT:

THE MOST UNUSUAL ELEMENT IN THE WORLD IS HELIUM, WHICH IS A GAS THAT IS LIGHTER THAN AIR AND IS USED TO FILL BALLOONS.

X	E	S	D	H	S	U	Q	X	Y	O	S	X	C	J	H	Y	C
O	P	I	K	Y	Y	A	X	I	E	E	M	R	I	R	S	X	R
S	L	O	E	V	R	P	Q	I	S	W	W	C	J	Y	G	D	E
R	C	T	U	R	K	E	Y	R	I	D	T	U	I	L	O	J	B
Q	G	S	I	V	V	X	O	L	G	E	A	P	X	Y	L	J	B
J	B	X	N	T	Z	H	U	I	Y	F	V	L	C	N	S	U	C
X	Z	N	M	J	D	L	C	W	J	T	F	Z	P	M	J	F	D
Z	I	O	O	O	I	O	L	O	Y	N	W	V	I	A	H	D	E
D	X	W	O	P	S	X	M	A	W	T	V	D	G	O	C	A	I
Z	D	G	F	I	T	T	N	Y	M	K	G	E	O	B	K	A	I
J	F	I	R	G	W	T	R	S	X	A	P	A	A	W	P	G	M
J	O	V	V	C	I	A	X	I	R	S	W	F	T	Y	K	S	A
Y	U	X	E	V	E	H	N	A	C	F	F	P	N	U	E	H	C
V	T	V	E	V	K	K	O	V	X	H	P	V	M	K	K	E	J
W	X	C	H	I	C	K	E	N	B	W	M	E	U	O	G	E	U
V	T	I	F	Q	O	B	B	S	P	Q	W	A	S	S	O	P	F
N	M	S	G	K	J	Z	Y	F	K	X	Y	K	P	H	O	Q	L
D	F	S	G	N	S	Q	Z	L	G	X	P	D	U	C	K	S	I

COW	DUCK
PIG	TURKEY
HORSE	LLAMA
SHEEP	ALPACA
CHICKEN	EMU
GOAT	OSTRICH

FUN FACT:

DID YOU KNOW THAT THE LEVER IS ONE OF THE OLDEST SIMPLE MACHINES IN THE WORLD? LEVERS ARE USED TO LIFT HEAVY OBJECTS BY APPLYING A FORCE AT A DISTANCE, AND THEY HAVE BEEN AROUND SINCE ANCIENT TIMES.

G	N	N	Z	U	Y	S	A	F	S	I	Z	Y	H	U	B	B	S
I	I	W	S	H	J	C	D	M	G	P	S	L	I	D	E	A	T
A	X	M	O	N	K	E	Y	B	A	R	S	D	J	M	H	S	X
O	V	Y	M	M	Q	M	C	L	M	T	N	V	C	R	I	K	L
R	N	F	O	R	F	O	I	R	X	U	D	H	H	C	T	E	H
X	G	I	N	F	V	C	H	X	O	M	G	T	R	O	R	T	Z
N	S	H	S	F	W	T	O	R	E	H	P	C	L	K	A	B	S
I	W	G	A	D	T	B	O	S	Y	O	R	L	H	A	M	A	O
Z	I	C	W	M	D	G	U	M	Q	B	T	I	Z	M	P	L	C
W	N	G	Z	N	Y	O	J	W	L	Y	P	M	Q	S	O	L	C
O	G	D	A	R	H	H	H	L	F	Z	X	B	U	V	L	C	E
Q	U	S	R	Y	Z	M	S	T	R	I	J	I	D	J	I	O	R
N	R	E	A	E	B	D	L	S	W	P	P	N	S	B	N	U	F
A	M	L	F	R	Z	T	H	A	Z	L	R	G	D	T	E	R	I
Z	P	P	K	A	P	U	S	U	R	I	L	W	Z	J	X	T	E
M	I	H	W	U	V	E	Q	J	O	N	S	A	S	X	W	R	L
K	E	Y	K	D	E	T	M	F	E	E	L	L	P	X	K	S	D
N	E	Y	B	S	V	T	V	L	A	W	I	L	S	W	O	C	C

SLIDE	**ZIP LINE**	**FUN FACT:**
SWING	**MERRY-GO-ROUND**	THE MOST EXPENSIVE PLAYGROUND IN THE
MONKEY BARS	**TRAMPOLINE**	WORLD IS THE "SKY TOWER PLAYGROUND,"
SEE-SAW	**PLAYHOUSE**	WHICH IS A PLAYGROUND IN NEW ZEALAND
SANDBOX	**BASKETBALL COURT**	THAT HAS A GIANT TOWER WITH A SPIRAL SLIDE
CLIMBING WALL	**SOCCER FIELD**	AND COST OVER $5 MILLION TO BUILD.

N	U	F	D	O	U	R	O	T	Y	B	T	Y	P	I	W	D	E
B	L	U	N	C	H	B	O	X	P	B	R	O	E	B	O	O	K
C	M	V	T	W	B	Q	A	V	J	F	X	A	N	H	H	W	C
A	D	P	L	H	P	R	D	P	M	U	Q	V	U	P	D	P	R
J	K	H	J	I	B	U	D	E	S	K	V	L	N	N	L	E	X
G	L	R	D	T	I	K	C	R	D	T	F	C	W	Y	T	N	L
D	Y	B	L	E	C	Z	M	L	Q	X	P	L	Y	Z	X	C	R
B	Z	V	M	B	T	X	Y	M	A	Y	K	Q	J	E	X	I	X
K	Y	N	Z	O	T	Z	W	B	T	S	K	P	T	C	U	L	L
X	U	K	F	A	J	O	B	N	H	C	S	B	E	K	V	V	E
H	J	X	F	R	W	N	E	M	A	O	D	R	Z	Z	V	N	E
H	X	E	H	D	T	D	Q	P	R	O	M	M	O	A	W	N	N
W	G	A	K	L	U	W	K	M	C	P	E	E	V	O	M	B	X
G	Z	L	Z	T	J	C	X	B	K	N	S	R	W	I	M	Z	C
L	T	L	S	U	A	M	O	D	R	O	I	I	A	O	B	J	D
A	S	V	T	B	C	O	P	Y	P	A	O	K	X	E	R	K	A
S	G	T	E	A	C	H	E	R	A	M	L	H	B	H	C	K	X
Q	V	L	X	P	A	P	E	R	J	I	Y	K	I	N	K	C	Y

STUDENT	BACKPACK	**FUN FACT:**
TEACHER	LUNCHBOX	THE MOST UNUSUAL SCHOOL IN THE WORLD IS
CLASSROOM	BOOK	THE "SCHOOL ON A BOAT," WHICH IS A SCHOOL
HOMEWORK	DESK	IN BANGLADESH THAT IS A FLOATING SCHOOL
PENCIL	WHITEBOARD	THAT MOVES WITH THE TIDE.
PAPER	PEN	

WEATHER

G	Y	M	W	I	L	D	F	I	R	E	Y	K	D	D	R	R	G
H	U	I	F	U	N	O	R	C	E	K	X	O	A	S	I	Z	F
Y	A	L	L	C	M	E	W	Q	N	N	O	I	A	F	Y	V	J
D	B	W	M	L	Y	M	O	O	T	L	T	M	G	E	B	U	W
W	F	G	A	O	E	S	U	V	F	Q	C	M	X	L	Y	Q	J
E	Q	J	L	U	E	O	X	I	P	S	W	W	T	H	D	N	T
N	D	H	V	D	I	V	T	O	R	N	A	D	O	Z	W	I	Q
R	R	T	U	J	V	Q	E	X	D	P	L	S	F	R	E	E	T
L	O	Y	Q	R	N	F	U	E	A	R	T	H	Q	U	A	K	E
G	U	R	X	H	R	B	O	S	G	V	U	N	Z	J	Y	L	K
M	G	X	K	T	P	I	L	L	I	G	H	T	N	I	N	G	R
G	H	I	O	S	U	N	C	W	C	K	O	Q	N	W	X	K	A
M	T	U	E	U	C	Q	Q	A	F	T	U	Z	O	H	Q	H	I
B	R	W	S	S	F	H	P	V	N	J	X	V	Y	K	M	X	N
C	G	H	H	N	Y	V	W	Y	A	E	M	P	V	T	P	S	Q
I	V	A	E	O	Z	C	I	U	A	F	B	B	K	K	W	V	E
I	M	S	Y	W	S	T	H	U	N	D	E	R	I	S	Y	A	I
Q	H	D	T	N	L	C	A	C	O	X	J	Z	A	C	W	G	T

RAIN   **HURRICANE**

SNOW   **TORNADO**

SUN   **EARTHQUAKE**

CLOUD   **WILDFIRE**

THUNDER   **FLOOD**

LIGHTNING   **DROUGHT**

FUN FACT:

THE MOST ACCURATE WEATHER PREDICTION IS THE "DOPPLER RADAR," WHICH IS A RADAR SYSTEM THAT USES RADIO WAVES TO DETECT THE MOVEMENT AND INTENSITY OF PRECIPITATION.

PICNIC

B	A	E	U	Y	R	T	Z	K	F	M	C	J	J	F	Y	U	N
H	L	O	E	G	D	P	Z	S	T	O	A	J	T	M	Z	F	D
B	O	A	Q	U	X	B	C	A	R	S	A	C	U	R	K	R	F
A	E	J	N	U	V	Q	W	N	D	Q	D	Q	H	Y	V	U	P
S	V	M	V	K	W	G	A	D	Q	U	F	Q	V	I	F	I	K
K	V	W	C	Y	E	H	D	W	W	I	D	S	Y	B	P	T	H
E	Q	G	R	V	F	T	Z	I	A	T	N	U	H	E	L	S	I
T	Q	J	V	B	U	Z	P	C	T	O	G	N	W	S	U	R	O
X	S	D	Z	E	I	I	H	H	E	R	H	S	V	N	A	X	B
G	P	C	O	O	K	I	E	S	R	E	O	C	I	D	M	W	K
R	L	M	J	K	B	R	X	P	M	P	K	R	V	M	Z	Q	M
U	T	J	A	C	Q	A	H	U	E	E	Y	E	M	Y	A	M	V
P	X	M	D	J	C	N	S	Z	L	L	Y	E	W	Z	C	K	E
N	H	W	C	L	J	T	M	J	O	L	R	N	R	H	W	Q	P
J	F	F	F	V	U	S	W	C	N	E	G	S	T	P	S	U	G
B	U	Y	H	Y	I	D	N	Q	G	N	T	B	W	U	I	W	D
J	Q	K	A	K	C	H	A	T	T	T	N	L	G	P	F	P	I
O	O	D	F	T	E	J	P	T	Q	Z	H	I	X	L	E	O	Q

PICNIC BLANKET   COOKIES

BASKET   WATERMELON

SANDWICH   ANTS

CHIPS   SUNSCREEN

JUICE   HAT

FRUIT   MOSQUITO REPELLENT

FUN FACT:

THE MOST ADVENTUROUS PICNIC IN THE WORLD
IS THE "MOUNTAIN PICNIC," WHICH IS A PICNIC
THAT TAKES PLACE ON A MOUNTAIN AND CAN
INCLUDE ACTIVITIES SUCH AS HIKING
AND CLIMBING.

THING WITH WHEELS   #56

O	N	L	G	C	A	R	Q	E	J	J	A	E	K	I	Q	T	A
M	J	Y	K	P	L	M	Y	Y	O	Z	L	N	H	H	V	C	B
T	U	Z	H	Y	T	H	S	C	H	C	S	G	O	K	A	R	T
U	S	R	E	H	R	U	D	X	Y	Z	Y	T	W	F	A	G	U
S	O	O	T	N	A	C	E	C	V	N	V	P	R	E	G	D	M
K	O	L	U	O	I	U	R	W	M	W	I	U	V	Y	V	D	I
A	O	L	H	E	N	O	B	W	B	O	Y	C	B	Z	I	R	C
T	Q	E	Y	I	T	P	I	B	A	B	U	S	A	J	B	I	K
E	A	R	H	O	Q	M	C	B	H	G	X	C	C	A	D	D	R
B	O	S	M	S	G	W	Y	S	C	O	O	T	E	R	E	N	T
O	C	K	E	N	L	F	C	Z	L	Q	Y	N	H	R	Y	N	U
A	D	A	W	K	I	Y	L	Y	E	S	Y	S	M	N	P	C	R
R	Y	T	Q	D	B	T	E	Q	P	Z	J	Y	Z	K	G	S	E
D	A	E	V	U	H	R	X	T	R	I	C	Y	C	L	E	W	A
X	Y	S	A	P	K	U	B	X	E	S	G	P	K	K	H	J	C
I	U	N	M	U	E	C	Y	P	F	K	Q	O	N	T	C	P	P
W	K	P	K	W	X	K	U	M	R	X	D	L	T	O	F	X	H
P	E	L	P	K	F	G	J	T	Y	N	J	N	E	U	V	J	Z

BICYCLE	SKATEBOARD	**FUN FACT:**
CAR	SCOOTER	THE OLDEST KNOWN THING WITH WHEELS IS
BUS	ROLLER SKATES	THE "SUMERIAN CHARIOT," WHICH IS A CHARIOT
TRAIN	TRICYCLE	WITH WHEELS THAT WAS USED IN ANCIENT
TRUCK	WAGON	MESOPOTAMIA OVER 4,000 YEARS AGO.
MOTORCYCLE	GO-KART	

MEASURMENT

F	Y	G	J	B	Q	K	H	S	S	P	E	E	D	L	T	V	I
O	P	X	A	C	Y	T	S	D	O	V	O	L	U	M	E	H	W
Z	M	F	T	S	P	A	F	T	U	S	D	Y	W	C	E	J	A
L	V	S	Y	R	M	B	H	M	G	L	T	A	U	E	V	X	L
W	V	T	C	W	N	G	X	L	A	I	I	J	R	F	C	R	S
I	G	K	G	Y	I	M	W	V	S	M	O	L	E	E	R	P	B
N	T	T	B	E	H	U	E	N	S	F	R	M	T	A	A	B	V
R	E	R	H	L	H	T	E	B	G	R	W	D	I	C	J	Z	A
R	M	F	I	E	G	D	I	O	I	C	I	Z	E	R	V	Y	A
D	P	O	O	B	P	G	D	W	D	C	G	O	N	P	D	Z	V
V	E	V	X	T	D	P	B	Y	Q	Y	W	C	Y	U	T	L	Z
L	R	X	Q	Z	P	B	P	P	T	U	Z	U	B	H	J	H	L
J	A	N	W	P	W	G	R	N	U	T	Z	D	G	B	F	Z	L
U	T	P	J	I	Q	E	K	B	C	X	O	I	K	G	Z	Y	J
S	U	R	D	E	F	H	P	X	R	D	E	B	U	T	I	I	J
V	R	S	D	P	F	V	J	T	O	W	M	M	Y	D	I	H	S
V	E	C	F	W	I	D	T	H	W	L	R	T	J	D	D	M	F
L	E	N	G	T	H	C	J	N	Z	I	X	J	A	M	K	W	E

LENGTH	AREA	**FUN FACT:**
WIDTH	MASS	THE MOST POPULAR UNIT OF MEASUREMENT IS
HEIGHT	TIME	THE "METER," WHICH IS A UNIT OF LENGTH THAT
DEPTH	TEMPERATURE	IS USED BY MOST COUNTRIES IN THE WORLD
WEIGHT	SPEED	AND IS EQUAL TO ABOUT 3.3 FEET.
VOLUME	DENSITY	

AIRPORT

R	B	N	J	N	B	J	A	S	O	E	T	B	V	R	S	T	A
H	S	Z	X	H	B	O	M	D	O	J	G	W	R	D	E	T	Z
P	L	A	N	E	A	O	A	A	V	S	B	R	I	U	C	V	I
O	X	Z	B	U	T	N	J	R	N	W	L	S	H	E	U	N	I
E	C	L	R	S	R	C	G	P	D	G	O	T	K	D	R	E	F
R	H	T	U	E	B	O	Y	A	G	I	X	R	F	F	I	J	F
T	E	C	J	D	D	N	Z	S	R	P	N	T	Q	N	T	B	T
E	C	V	O	F	J	T	T	S	X	F	S	G	P	E	Y	Y	N
R	K	R	N	U	G	R	V	P	K	X	R	H	P	W	D	W	U
M	I	Z	U	Z	K	O	U	O	X	Q	E	U	X	A	M	V	R
I	N	E	A	Z	J	L	R	R	S	Q	D	V	N	W	S	A	A
N	X	O	L	R	G	T	Q	T	O	L	V	U	C	W	R	S	N
A	B	C	K	B	V	O	S	U	H	A	L	I	V	V	A	E	F
L	Q	Y	R	C	H	W	X	B	A	G	G	A	G	E	T	Y	A
T	C	U	J	B	Q	E	C	W	M	D	J	S	H	A	B	P	T
L	K	C	D	A	N	R	O	I	J	E	T	Z	G	I	Q	T	L
Z	I	E	G	S	R	I	X	A	O	I	E	Y	N	W	N	S	L
C	B	X	O	J	Z	A	D	M	D	R	C	G	M	N	K	T	R

TERMINAL	BAGGAGE	**FUN FACT:**
GATE	CHECK IN	THE BUSIEST AIRPORT IN THE WORLD IS THE
PLANE	SECURITY	"HARTSFIELD-JACKSON ATLANTA INTERNATIONAL
RUNWAY	BOARDING PASS	AIRPORT" IN GEORGIA, WHICH SERVES OVER
HANGAR	PASSPORT	107 MILLION PASSENGERS PER YEAR.
CONTROL TOWER	CUSTOMS	

O	M	D	J	C	A	R	I	B	B	E	A	N	S	E	A	O	Y
U	E	Q	G	Q	Y	Y	J	Y	X	K	J	G	H	E	P	I	C
R	D	P	W	S	O	L	H	S	G	P	A	C	I	F	I	C	V
R	I	D	L	G	S	O	U	T	H	C	H	I	N	A	S	E	A
N	T	B	X	D	Q	T	U	O	U	S	R	V	A	G	O	A	H
Q	E	A	K	H	I	H	K	K	M	N	K	E	V	C	O	A	Y
V	R	Y	H	W	Z	P	Z	E	A	I	P	P	D	C	E	D	P
C	R	O	M	X	P	C	F	I	Z	Z	N	E	I	S	I	T	X
F	A	F	H	U	W	I	D	S	U	R	U	X	N	O	E	T	J
D	N	B	J	A	L	N	T	D	E	J	E	A	R	I	T	A	Z
H	E	E	V	H	I	L	S	H	V	M	I	S	Y	E	N	H	B
O	A	N	X	W	F	G	T	O	F	B	Q	D	R	Z	U	P	G
D	N	G	C	X	C	U	V	O	A	A	P	A	T	R	W	D	U
I	S	A	Z	F	O	U	F	R	R	E	R	X	L	Q	Z	T	M
P	E	L	Q	S	E	L	A	X	L	D	V	C	O	S	Z	S	C
G	A	S	Q	N	U	R	U	U	X	W	A	J	T	K	H	K	R
F	D	W	W	G	Z	L	W	G	F	J	D	X	Z	I	D	G	Y
M	M	L	X	L	Q	T	S	A	T	L	A	N	T	I	C	Q	U

ATLANTIC
PACIFIC
INDIAN
ARCTIC
SOUTHERN
GULF OF MEXICO

CARIBBEAN SEA
MEDITERRANEAN SEA
RED SEA
ARABIAN SEA
BAY OF BENGAL
SOUTH CHINA SEA

FUN FACT:
THE MARIANA TRENCH LOCATED IN THE PACIFIC OCEAN IS SO DEEP THAT IT IS STILL LARGELY UNEXPLORED AND MANY UNKNOWN SPECIES LIVE THERE.

PETS

F	V	B	S	Z	J	F	U	A	G	X	D	R	T	N	Z	K	T
X	A	R	D	U	X	R	L	L	U	T	L	I	Y	E	D	Z	G
Y	P	K	M	P	X	O	Y	Q	A	H	B	F	C	Z	W	H	Z
O	X	Z	Z	I	F	G	L	T	N	B	T	C	N	N	C	D	M
K	R	N	F	H	R	Q	S	S	A	Q	J	I	E	M	R	X	F
L	Q	H	K	M	E	P	L	R	B	P	H	R	M	A	D	M	F
E	I	C	P	M	G	R	D	S	P	P	S	A	Z	C	P	C	I
S	T	U	R	T	L	E	M	N	N	T	A	I	M	T	X	G	S
N	I	O	X	A	R	U	Z	I	W	Q	L	R	A	S	J	X	H
A	Z	T	B	B	T	O	Q	C	T	R	N	C	A	A	T	T	S
K	Q	V	F	B	W	D	O	G	G	C	R	A	F	K	E	E	K
E	H	H	N	L	O	G	G	B	V	J	R	T	J	Q	E	J	R
B	K	R	T	X	A	I	T	B	O	O	T	A	L	A	Q	E	N
D	P	S	Q	K	W	V	L	T	O	J	S	Q	B	I	O	V	T
M	M	K	G	U	I	N	E	A	P	I	G	M	Q	S	V	P	L
V	B	I	O	O	I	H	Y	N	U	H	I	B	P	E	I	R	D
F	A	Z	W	O	T	W	U	P	J	K	I	F	J	C	T	B	I
X	C	V	G	L	R	N	S	M	V	X	W	C	G	W	D	X	D

DOG	PARAKEET
CAT	TURTLE
HAMSTER	LIZARD
GUINEA PIG	SNAKE
RABBIT	HERMIT CRAB
FISH	FROG

FUN FACT:

THE MOST UNUSUAL PET IN THE WORLD IS THE "OCTOPUS," WHICH IS A TYPE OF SEA ANIMAL THAT IS KNOWN FOR ITS INTELLIGENCE AND CAN BE TRAINED TO DO TRICKS.

T	N	E	O	N	T	E	T	R	A	N	U	F	C	P	H	V	K
O	I	S	K	A	W	H	D	F	W	G	N	R	L	I	N	E	K
R	P	R	D	L	L	T	G	Q	S	N	H	X	T	S	I	W	R
G	K	Y	V	G	I	C	L	O	W	N	F	I	S	H	S	V	O
E	B	K	Y	X	G	E	P	K	L	L	H	S	G	F	D	L	K
F	B	D	S	E	F	K	L	W	A	D	T	S	A	D	I	E	O
B	F	A	A	M	U	U	E	H	H	P	F	O	L	A	X	H	I
A	H	U	Z	X	O	V	C	X	T	B	H	I	T	X	J	X	P
X	H	B	X	Y	Y	I	O	S	I	A	A	D	S	R	G	R	W
V	Z	N	X	F	F	R	S	Q	N	X	R	R	X	H	D	Z	G
W	G	E	D	P	Y	F	T	N	U	O	Y	H	B	I	V	G	P
G	J	K	Z	R	G	Q	O	I	W	R	F	J	L	S	G	U	O
K	O	A	X	A	U	O	M	S	J	J	V	H	G	O	S	P	M
Q	W	K	R	K	H	P	U	Q	T	N	C	F	K	T	G	P	T
Q	P	T	Q	D	N	I	S	B	V	I	F	G	U	V	N	Y	T
I	E	G	X	B	P	N	E	G	C	F	R	W	J	Q	E	J	C
T	R	Q	R	R	J	B	A	M	O	L	L	Y	F	U	J	D	V
F	S	L	C	F	P	F	A	N	G	E	L	F	I	S	H	H	V

GOLDFISH	SWORDTAIL
CLOWNFISH	BARBS
ANGELFISH	PLECOSTOMUS
TETRA	MOLLY
GUPPY	CICHLID
NEON TETRA	KOI

FUN FACT:

THE OLDEST KNOWN FISH IN THE WORLD IS THE "COELACANTH," WHICH IS A TYPE OF FISH THAT HAS BEEN AROUND FOR OVER 360 MILLION YEARS.

O	A	K	A	O	W	A	T	E	R	D	O	G	C	A	U	H	O
P	V	A	P	S	A	L	A	M	A	N	D	E	R	F	K	Z	C
T	O	T	D	G	L	A	S	S	F	R	O	G	C	R	Z	X	B
X	K	I	O	S	G	Q	J	R	E	T	P	E	A	I	A	A	S
N	G	K	S	A	O	R	C	M	K	S	S	Y	X	C	U	T	T
C	B	F	C	O	D	M	E	A	H	W	G	T	O	A	O	H	R
A	Y	D	K	Y	N	G	M	I	D	R	S	G	L	N	G	Q	E
E	C	D	R	D	X	D	P	M	E	D	X	Q	O	C	O	C	E
C	X	G	D	O	J	A	A	D	Z	L	R	F	T	L	P	F	F
I	T	G	Y	X	B	M	N	R	Q	Z	K	K	L	A	H	S	R
L	S	B	V	D	D	A	A	V	T	Q	T	J	R	W	U	B	O
I	H	G	I	V	M	U	E	U	C	F	R	T	P	E	B	Y	G
A	L	V	B	A	L	F	D	L	O	K	R	H	M	D	L	T	W
N	U	H	L	P	S	Y	Y	M	A	P	N	O	H	F	W	C	R
S	H	A	W	G	L	I	L	H	W	P	T	C	G	R	J	S	J
U	S	O	P	F	V	W	N	E	W	T	N	W	U	O	X	E	I
U	E	U	X	R	R	N	C	S	Z	V	M	K	X	G	F	V	J
U	C	M	F	I	R	E	B	E	L	L	I	E	D	T	O	A	D

CAECILIANS

TOAD

SALAMANDER

NEWT

AXOLOTL

TREE FROG

POISON DART FROG

FIRE BELLIED TOAD

AFRICAN CLAWED FROG

GLASS FROG

SALAMANDER

WATERDOG

FUN FACT:

THE MOST UNUSUAL AMPHIBIAN IN THE WORLD IS THE "AXOLOTL," WHICH IS A TYPE OF SALAMANDER THAT CAN REGROW ITS LIMBS IF THEY ARE DAMAGED.

REPTILES #63

```
J U M H H Z V P Y P M O N I T O R T
Z L J N Z W X C H A M E L E O N W I
R I C G F M V E D G W G Q F A T L G
R Z F N J C T U A T A R A D A K C U
O A T I C M B H U N J V Q A N Q G A
J R B X W O Y V L G X B Z J O W Q N
E D G O C D R S D I W S A R L B O A
J R T G Q S A N V G Z K W R E X N F
Y P V A U Q B K S X V I S E W O A S
W F L R D P A S P N Z N U T H W J B
S Z N T E M L M B E A K V T N G A N
H Y F E D Q E M V N S K Y C S O D T
X F Q R H V Q L R I W P E N G Y Z O
M Q S S N T F A A E L I S P E H C G
D N P N Q E M U J L B V O G C J U C
G P S A A D O D A Q R T T Q K G Q H
L L O K U K G B G R G R L S O N X E
L E U E K Q E M P T I C V A R O P S
```

		FUN FACT:
SNAKE	MONITOR	THE LARGEST REPTILE IN THE WORLD IS THE
LIZARD	SKINK	"SALTWATER CROCODILE," WHICH IS A TYPE OF
GECKO	TUATARA	CROCODILE THAT CAN GROW UP TO 23 FEET
CHAMELEON	GARTER SNAKE	LONG AND WEIGH OVER 2,200 POUNDS.
IGUANA	CORN SNAKE	
ANOLE	BALL PYTHON	

WORLD COUNTRIES #64

Z	J	W	X	P	J	N	P	W	G	B	K	R	A	G	W	F	S
U	I	Q	X	I	N	D	I	A	R	K	S	A	Z	F	G	T	X
A	L	B	R	A	Z	I	L	B	T	L	R	X	L	U	D	Y	K
X	U	B	O	F	G	A	N	H	W	Q	M	Y	I	D	N	Q	I
N	Q	S	C	V	X	F	R	A	N	C	E	E	V	A	H	N	B
Q	Q	D	T	T	D	R	H	X	L	T	L	P	M	A	T	U	H
Z	I	F	V	R	M	B	U	Q	F	Y	X	R	X	H	C	A	I
I	N	C	U	W	A	W	K	S	S	V	E	V	H	B	C	M	V
X	D	Z	M	C	D	L	S	V	S	G	J	H	X	I	A	C	Q
A	O	C	Q	P	V	B	I	I	G	I	L	B	S	D	N	G	S
Z	N	Q	Q	B	C	W	W	A	A	X	A	C	W	Q	A	K	T
P	E	I	S	B	H	H	C	S	Y	Q	J	E	Y	F	D	R	Q
J	S	D	H	I	I	D	W	P	I	C	E	L	F	H	A	K	O
G	I	Q	D	E	N	L	Z	W	C	Y	J	A	P	A	N	C	M
E	A	G	N	Z	A	J	P	X	O	Y	C	Z	N	I	I	I	E
U	N	I	T	E	D	X	S	T	A	T	E	S	C	X	I	V	X
P	B	V	W	R	P	N	L	T	P	E	V	M	E	M	O	B	K
K	H	N	S	P	T	D	A	T	J	Z	L	M	U	C	L	P	O

JAPAN	**UNITED STATES**	**FUN FACT:**
CHINA	**MEXICO**	THE LEAST POPULOUS COUNTRY IN THE WORLD
INDIA	**CANADA**	IS TUVALU, WHICH HAS ONLY ABOUT
INDONESIA	**AUSTRALIA**	11,000 PEOPLE.
BRAZIL	**FRANCE**	
RUSSIA	**GERMANY**	

HOBBIES

N	L	J	S	F	Y	I	H	I	K	I	N	G	E	X	H	A	T
G	U	L	P	Y	I	S	W	I	M	M	I	N	G	G	B	Q	L
K	R	X	F	S	E	S	P	G	A	R	D	E	N	I	N	G	S
S	K	R	D	P	H	J	H	O	I	N	S	K	J	Y	R	P	B
P	A	I	N	T	I	N	G	I	D	K	K	V	Z	X	E	D	N
M	S	J	O	P	D	L	Y	Z	N	D	A	U	S	N	B	A	N
X	L	K	T	Q	I	U	C	E	J	G	T	R	P	W	G	N	L
M	E	P	B	Y	R	D	V	E	N	G	E	J	S	N	F	C	S
T	B	H	G	X	X	H	I	H	S	B	S	E	N	B	I	X
M	A	O	V	K	S	Q	K	X	I	I	O	W	Q	U	T	N	N
V	L	T	C	U	N	I	Z	Z	Z	N	A	F	R	E	D	G	U
P	A	O	F	O	B	H	A	G	P	G	R	S	V	H	R	H	D
H	H	G	B	T	O	H	V	A	A	I	D	M	N	M	A	I	Z
Y	I	R	F	Y	X	K	L	E	N	N	I	E	Q	P	W	A	Q
D	A	A	B	M	G	T	I	J	D	G	N	T	C	J	I	J	T
C	B	P	P	T	T	U	L	N	X	E	G	F	F	H	N	K	S
S	F	H	X	M	Y	W	L	R	G	F	A	J	S	X	G	C	I
F	X	Y	J	E	W	K	L	U	D	K	H	J	S	V	H	D	N

DRAWING	SWIMMING
PAINTING	DANCING
PHOTOGRAPHY	SINGING
COOKING	HIKING
GARDENING	BIKING
FISHING	SKATEBOARDING

FUN FACT:

DID YOU KNOW THAT THE LEVER IS ONE OF THE OLDEST SIMPLE MACHINES IN THE WORLD? LEVERS ARE USED TO LIFT HEAVY OBJECTS BY APPLYING A FORCE AT A DISTANCE, AND THEY HAVE BEEN AROUND SINCE ANCIENT TIMES.

INVENTIONS

L	L	L	J	H	R	E	F	R	I	G	E	R	A	T	O	R	W
L	I	V	R	S	N	A	S	O	S	Z	S	J	D	S	D	R	F
E	G	W	U	A	U	N	U	M	S	L	G	S	S	T	V	O	I
F	H	J	A	Z	L	D	D	T	L	J	U	E	S	E	U	N	P
A	T	C	E	S	H	T	B	C	U	Z	R	W	P	L	D	C	H
I	B	T	S	L	H	X	F	Q	O	P	G	Y	E	E	N	Y	V
R	U	P	M	W	B	I	H	U	G	M	T	V	N	P	Z	L	H
P	L	L	W	A	A	Q	N	N	G	N	P	M	E	H	N	C	S
L	B	Y	X	C	K	K	I	G	O	S	T	U	D	O	X	I	T
A	W	A	N	L	K	T	O	I	M	U	A	K	T	N	R	B	E
N	D	R	J	F	N	E	S	D	E	A	Q	L	C	E	Q	T	A
E	K	T	P	I	L	I	T	S	Q	F	C	P	Y	L	R	X	M
Z	B	Q	R	C	V	J	A	R	H	L	D	H	N	I	B	X	E
C	F	P	Y	E	E	V	N	U	A	S	D	G	I	R	P	G	N
F	U	C	L	S	U	D	T	C	G	I	O	Y	A	N	Q	L	G
N	I	E	J	P	Y	T	D	D	E	L	N	C	K	V	E	U	I
B	T	Q	N	H	Y	P	P	D	M	T	I	O	O	N	I	J	N
L	E	P	V	Z	X	T	T	W	G	J	H	E	Y	I	E	K	E

TELEPHONE	BICYCLE	**FUN FACT:**
TELEVISION	LIGHT BULB	THE MOST UNUSUAL INVENTION IN THE WORLD
COMPUTER	PRINTING PRESS	IS THE "FLYING TOILET," WHICH IS A TOILET
CAR	STEAM ENGINE	THAT IS ATTACHED TO A HOT AIR BALLOON AND
AIRPLANE	REFRIGERATOR	ALLOWS PEOPLE TO RELIEVE THEMSELVES WHILE
TRAIN	WASHING MACHINE	FLYING.

F	I	F	S	A	C	C	J	G	P	S	O	F	T	W	A	R	E
P	N	G	T	G	D	D	O	V	I	E	N	Q	G	O	O	R	U
H	T	H	E	U	S	M	A	R	T	P	H	O	N	E	W	G	W
R	E	W	W	D	O	M	S	K	X	K	G	K	G	R	A	E	V
R	R	B	G	T	W	N	T	E	S	R	X	A	V	M	Z	R	W
U	N	A	B	L	W	Z	O	H	O	P	J	S	S	D	E	J	I
T	E	K	R	A	I	Y	S	C	E	T	E	U	H	T	W	B	L
A	T	Y	T	P	F	N	X	I	P	A	R	A	N	O	C	C	Q
B	K	Q	Q	T	I	J	Y	H	X	U	D	I	K	Y	M	R	N
L	L	J	T	O	B	E	V	H	I	B	R	P	O	E	Y	W	I
E	G	V	Q	P	J	N	C	N	V	P	M	Q	H	N	R	B	Z
T	K	E	Y	B	O	A	R	D	I	D	E	T	I	O	I	G	Z
F	L	G	A	M	I	N	G	C	O	N	S	O	L	E	N	Q	R
D	R	P	Y	B	D	J	M	N	M	M	B	G	S	K	E	O
X	K	S	P	U	E	H	T	D	C	W	O	P	U	E	W	A	S
X	V	B	K	F	Y	H	J	F	A	U	R	U	U	N	L	J	B
D	V	Z	X	E	R	K	I	M	J	E	U	S	S	R	S	L	I
B	J	P	F	R	Q	T	W	P	K	Y	Q	G	X	E	H	R	T

SMARTPHONE   **HEADPHONES**
TABLET   **MOUSE**
LAPTOP   **KEYBOARD**
GAMING CONSOLE   **INTERNET**
PRINTER   **WIFI**
SPEAKER   **SOFTWARE**

FUN FACT:

THE MOST IMPORTANT TECHNOLOGY IN THE WORLD IS THE "INTERNET," WHICH CONNECTS PEOPLE AND INFORMATION ALL OVER THE WORLD.

A	F	N	C	U	C	U	D	K	Y	Z	X	X	Q	J	H	X	K
S	Q	W	N	Y	C	C	L	O	C	K	D	P	D	B	N	E	Z
Y	E	D	C	H	O	E	E	W	G	X	A	E	W	C	G	D	D
V	R	C	H	T	I	M	E	Z	O	N	E	M	G	T	S	Q	I
Y	Y	S	O	O	X	S	Z	B	M	S	U	I	C	X	A	B	Y
T	E	P	Z	N	U	E	R	U	R	F	I	L	M	B	S	P	O
F	Y	P	S	P	D	R	M	X	C	J	V	L	S	H	X	P	I
Q	V	V	H	J	W	P	T	Y	S	T	M	E	T	C	N	Q	V
R	R	M	E	I	V	F	T	R	V	X	O	N	Q	T	P	P	K
N	D	S	C	U	J	O	Z	G	L	D	N	N	N	A	Y	R	M
M	C	A	L	E	N	D	A	R	C	A	T	I	G	T	T	Z	F
A	W	H	Y	Z	O	D	O	I	L	Y	H	U	M	D	X	H	C
R	I	T	E	P	F	S	M	V	M	H	D	M	C	Q	U	K	G
A	S	I	A	D	I	X	S	T	G	M	K	W	E	E	K	H	R
T	Z	T	R	B	U	J	H	C	X	M	O	N	H	B	N	W	S
I	N	C	E	N	T	U	R	Y	G	K	C	M	I	N	U	T	E
Y	Y	J	H	X	V	P	F	W	C	Z	B	G	H	X	C	C	X
E	O	R	C	V	F	B	D	F	J	H	Q	N	V	B	D	U	G

SECOND	YEAR
MINUTE	CENTURY
HOUR	MILLENNIUM
DAY	CLOCK
WEEK	CALENDAR
MONTH	TIME ZONE

FUN FACT:

THE MOST IMPORTANT TIME IN THE WORLD IS "NOW," WHICH IS THE PRESENT MOMENT THAT WE ARE LIVING IN.

MONEY

#69

M	G	X	H	Z	M	V	J	Z	A	P	J	M	C	O	A	V	V
U	X	X	U	Q	Z	J	G	N	E	W	Y	O	Q	Y	C	X	K
C	C	P	E	N	N	Y	O	X	J	G	Y	E	N	R	G	J	O
B	U	P	Y	Z	R	R	Q	R	A	W	Y	F	Q	H	Q	Y	A
E	G	C	S	B	K	J	V	R	O	S	E	P	X	V	F	I	O
S	N	U	A	I	X	J	G	T	Q	U	A	R	T	E	R	G	S
Z	M	E	N	Y	P	Q	Q	P	O	U	N	D	G	B	A	B	M
W	U	K	I	J	U	S	J	D	Y	F	B	L	M	N	N	F	D
D	Q	D	P	T	E	O	Y	I	M	S	Q	H	O	D	C	X	C
X	K	Z	Y	C	Z	E	K	F	K	S	E	Q	A	Q	L	Z	H
K	D	O	L	L	A	R	I	E	O	R	Q	D	L	S	L	N	C
J	J	X	K	F	K	T	C	X	N	U	S	L	B	S	P	I	B
A	E	Z	U	W	J	S	Y	R	E	D	I	M	E	Q	Q	C	Y
I	L	U	C	D	J	J	R	U	P	E	E	S	N	O	X	K	B
M	M	O	R	P	X	S	S	X	F	T	C	S	E	U	H	E	T
J	L	Y	E	O	R	L	B	P	N	A	E	G	I	I	E	L	E
G	K	Q	S	Y	I	M	W	E	A	D	U	Z	O	Y	U	Y	L
L	Z	V	W	P	E	O	C	I	R	N	Y	P	I	Z	X	B	S

DOLLAR	EURO
CENT	YEN
NICKEL	POUND
DIME	RUPEE
QUARTER	FRANC
PENNY	KRONA

FUN FACT:

THE MOST POPULAR CURRENCY IN THE WORLD IS THE "US DOLLAR," WHICH IS USED BY MANY COUNTRIES AS THEIR OFFICIAL CURRENCY.

BIRDS #70

O	I	B	G	L	B	T	Q	P	W	Y	F	T	N	L	J	V	T
Z	M	O	A	J	E	O	G	I	M	O	H	S	C	K	O	N	Y
F	H	F	K	D	F	U	D	K	L	Z	M	P	S	G	S	E	M
B	R	P	E	L	I	C	A	N	D	Q	T	R	I	I	P	L	M
X	W	P	B	F	I	A	V	K	H	R	F	P	R	S	R	Q	W
L	Z	F	F	J	B	N	S	Y	P	S	V	U	V	I	E	R	A
H	B	Q	L	D	O	M	Q	B	S	P	I	G	U	G	Y	G	S
V	J	L	A	S	J	K	A	P	A	A	U	Y	L	G	U	L	C
D	A	W	M	X	P	Q	G	C	G	R	O	W	T	B	E	S	X
Z	P	L	I	S	C	H	X	A	I	R	E	I	U	X	J	F	V
L	Z	A	N	X	U	N	A	R	W	O	C	M	R	P	Y	C	B
G	Z	U	G	Z	V	P	T	D	R	W	V	I	E	A	E	U	L
S	F	O	O	H	W	Y	Y	I	R	S	E	A	G	U	L	L	U
E	R	V	D	N	I	Z	P	N	O	I	V	E	T	C	E	T	E
P	I	G	E	O	N	Z	P	A	B	I	E	Y	N	G	J	O	J
D	F	N	K	N	A	Y	B	L	I	S	T	N	O	J	G	V	A
F	I	N	C	H	A	T	P	A	N	P	L	Q	D	M	F	O	V
A	J	V	R	D	W	Z	Z	M	T	L	L	M	A	E	S	M	T

SPARROW   ROBIN   **FUN FACT:**

FINCH   OSPREY   THE MOST COLORFUL BIRD IN THE WORLD IS THE

BLUE JAY   PELICAN   "PEACOCK," WHICH HAS BRIGHT BLUE AND GREEN

CARDINAL   VULTURE   FEATHERS ON ITS TAIL.

PIGEON   FLAMINGO

SEAGULL   TOUCAN

U.S. STATES

X	M	J	O	H	X	K	B	Q	F	L	Y	F	J	O	N	S	V
W	U	G	D	V	V	X	A	N	A	L	T	E	I	E	I	Y	I
M	P	B	D	Y	C	Z	A	L	A	B	A	M	A	Y	N	Z	A
W	N	N	A	E	A	M	T	Q	N	E	V	A	D	A	U	N	N
J	E	O	O	N	L	Z	O	A	L	C	J	V	R	P	A	C	Y
M	W	R	R	Y	I	N	W	P	Y	X	V	U	U	I	V	S	H
X	Y	T	E	X	F	M	V	G	H	J	D	U	D	O	S	U	C
T	O	H	G	I	O	L	A	H	X	I	J	N	D	X	S	M	S
G	R	D	O	B	R	D	L	Z	A	U	I	A	U	E	V	N	N
P	K	A	N	W	N	F	S	X	P	W	R	T	F	C	N	E	A
D	W	K	M	H	I	U	B	J	R	O	A	R	P	X	S	O	O
Y	A	O	B	L	A	U	N	U	L	A	Z	I	D	F	H	D	N
S	Q	T	V	B	Z	G	M	O	A	I	R	V	I	K	U	R	N
N	B	A	H	U	V	S	C	K	D	U	R	N	E	A	G	W	Z
M	A	S	S	A	C	H	U	S	E	T	T	S	W	L	E	O	K
O	R	R	D	E	N	J	G	S	Z	Y	Z	R	B	J	Q	Y	L
V	V	Z	M	Q	F	L	O	R	I	D	A	Z	H	N	B	Y	D
Y	L	O	U	I	S	I	A	N	A	L	C	A	Z	T	B	P	C

ALABAMA	LOUISIANA	**FUN FACT:**
CALIFORNIA	MASSACHUSETTS	THE MOST POPULOUS STATE IN THE U.S. IS
COLORADO	NEVADA	CALIFORNIA, WHICH HAS OVER 39
FLORIDA	NEW YORK	MILLION PEOPLE
HAWAII	NORTH DAKOTA	
INDIANA	OREGON	

T	D	R	Q	Y	T	U	O	N	K	J	D	P	L	A	Y	F	A
O	J	F	R	E	D	M	R	L	W	G	H	P	A	P	W	K	U
C	G	A	F	A	Q	L	B	E	E	X	S	O	X	W	W	W	T
J	I	S	C	O	A	U	N	H	F	T	S	E	X	K	O	N	O
D	D	U	P	G	U	N	J	W	E	H	T	M	X	I	G	S	B
B	I	O	G	R	A	P	H	Y	J	C	V	E	W	Y	Z	R	I
I	R	I	L	T	R	I	G	T	D	R	L	R	R	S	A	G	O
P	H	R	F	X	U	N	L	L	O	N	K	X	M	O	M	D	G
F	R	E	P	O	R	T	E	Q	Y	Q	H	B	V	T	L	R
J	V	H	J	L	Y	V	S	V	F	Q	E	F	H	B	E	I	A
O	G	A	N	X	O	N	F	H	U	R	Y	J	O	B	R	H	P
I	L	X	X	N	A	F	Q	O	J	N	H	O	Z	R	H	B	H
H	P	E	S	S	A	Y	E	Z	Q	W	P	U	P	K	Z	O	Y
R	G	N	L	J	Z	G	C	Q	W	I	Q	R	K	A	G	O	V
Z	C	C	J	L	G	T	V	A	E	P	Q	N	F	U	T	K	K
Z	W	N	O	X	U	C	U	H	B	W	V	A	K	E	M	P	P
R	F	Z	W	N	U	F	E	J	O	D	F	L	Z	I	M	E	S
S	M	Y	J	P	L	I	E	H	G	V	H	P	C	M	S	O	M

BOOK	REPORT	**FUN FACT:**
POEM	DIARY	THE MOST INFLUENTIAL LITERATURE IN THE
STORY	LETTER	WORLD IS THE "COMMUNIST MANIFESTO,"
NOVEL	JOURNAL	WHICH WAS WRITTEN BY KARL MARX
PLAY	BIOGRAPHY	AND FRIEDRICH ENGELS AND HAS HAD A MAJOR
ESSAY	AUTOBIOGRAPHY	IMPACT ON WORLD HISTORY.

O	O	S	T	H	E	G	O	L	D	E	N	G	O	O	S	E	X
H	J	L	Z	S	N	O	W	W	H	I	T	E	A	Z	T	G	R
A	R	E	R	E	V	J	X	A	A	L	H	H	G	Q	N	B	J
N	E	E	U	Q	A	M	V	F	B	Y	W	S	E	I	S	D	N
S	D	P	S	U	Q	C	E	P	U	D	V	C	L	T	R	Y	H
E	R	I	D	K	Q	F	A	Z	R	E	N	K	O	Q	L	A	D
L	I	N	U	V	G	O	W	T	Y	I	C	O	P	D	L	D	V
A	D	G	S	X	A	P	Q	D	R	U	B	B	V	L	M	U	I
N	I	B	N	J	S	V	T	P	D	N	Y	K	E	M	T	G	J
D	N	E	A	N	B	T	G	Y	I	I	U	R	R	V	Q	O	J
G	G	A	L	O	G	O	L	S	R	Y	E	Q	Z	M	V	C	P
R	H	U	A	J	R	G	S	D	A	D	Z	V	G	B	F	A	J
E	O	T	H	F	U	U	B	B	N	E	N	R	V	B	P	V	F
T	O	Y	E	E	P	I	Y	I	C	H	L	L	D	E	G	K	U
E	D	H	H	W	H	A	C	D	R	G	P	M	M	V	B	I	Y
L	T	T	T	H	R	E	E	L	I	T	T	L	E	P	I	G	S
K	F	R	R	U	M	P	E	L	S	T	I	L	T	S	K	I	N
E	R	A	P	U	N	Z	E	L	D	X	L	I	L	V	S	A	L

CINDERELLA
RED RIDING HOOD
SNOW WHITE
SLEEPING BEAUTY
HANSEL AND GRETEL
THREE LITTLE PIGS

THE UGLY DUCKLING
RAPUNZEL
RUMPELSTILTSKIN
THE FROG PRINCE
THE GOLDEN GOOSE
PUSS IN BOOTS

FUN FACT:

THE OLDEST KNOWN FAIRY TALES IN THE WORLD ARE FROM ANCIENT EGYPT, WHICH INCLUDE STORIES LIKE "THE STORY OF THE TWO BROTHERS" AND "THE TALE OF THE SHIPWRECKED SAILOR."

E	Q	R	O	X	Y	P	P	H	C	W	Y	I	K	W	J	A	H
X	G	W	G	D	N	R	I	R	J	Z	X	J	L	K	I	Z	A
P	N	R	F	D	H	E	Z	N	N	N	T	I	D	P	M	R
L	A	J	E	N	O	S	T	A	V	R	K	X	Z	X	Z	I	C
O	S	F	H	A	M	I	I	D	F	E	I	U	P	K	B	C	H
R	V	R	J	S	T	D	A	F	Y	C	N	I	F	N	D	I	A
A	S	E	O	L	N	E	N	G	A	O	T	T	N	T	V	V	E
T	U	V	A	T	C	N	D	W	B	N	G	O	O	D	N	I	O
I	F	O	Y	N	T	T	G	E	H	S	I	W	O	R	A	L	L
O	U	L	U	S	C	S	R	Y	P	T	T	D	H	T	S	I	O
N	G	U	I	U	B	I	L	Q	U	R	F	H	K	R	T	Z	G
Q	J	T	W	A	P	J	E	Y	U	E	K	D	Q	V	A	Y
S	A	I	D	M	L	J	I	N	U	C	R	S	H	R	N	T	N
O	Y	O	E	W	O	T	J	F	T	T	I	D	S	Z	W	I	X
U	I	N	X	I	S	Z	V	D	U	I	B	D	W	I	I	O	Y
T	S	N	K	N	K	H	Q	T	F	O	Z	E	H	T	O	N	M
Q	X	F	O	B	M	U	F	T	N	N	X	W	O	E	R	N	Q
T	W	C	Q	L	C	T	W	Q	P	Y	R	E	H	B	Z	Z	G

ANCIENT	INVENTOR	**FUN FACT:**
ARCHAEOLOGY	REVOLUTION	THE MOST CELEBRATED HISTORY IN THE WORLD
CIVILIZATION	CONSTITUTION	IS THE "HISTORY OF SCIENCE," WHICH COVERS
DYNASTY	PRESIDENTS	THE MANY DISCOVERIES AND INVENTIONS
EMPIRE	RECONSTRUCTION	THAT HAVE SHAPED THE MODERN WORLD.
EXPLORATION	GREAT DEPRESSION	

B	Q	F	U	H	B	J	D	Y	V	G	E	N	E	T	I	C	S
P	P	P	S	B	O	G	R	E	S	P	I	R	A	T	I	O	N
K	C	H	U	S	X	M	T	S	C	I	I	G	Y	I	N	G	D
W	L	I	O	U	B	J	E	M	C	C	S	O	X	Y	A	A	G
M	A	X	R	T	Q	D	C	O	L	K	D	J	Y	Y	X	Y	J
E	S	S	E	W	O	Z	S	F	S	Z	H	P	D	B	H	G	A
T	S	P	P	T	I	S	E	G	O	T	C	Z	A	Z	H	S	Q
A	I	E	R	A	S	R	Y	K	I	K	A	G	H	H	B	D	W
B	F	X	O	A	H	D	B	N	L	D	O	S	P	P	W	J	R
O	I	P	D	D	X	P	I	X	T	E	N	G	I	E	Q	G	F
L	C	Z	U	A	T	Z	H	K	C	H	J	A	P	S	Q	E	O
I	A	L	C	P	P	I	K	O	M	E	E	H	B	J	W	C	Y
S	T	G	T	T	U	N	L	I	G	I	L	S	Q	D	O	O	F
M	I	S	I	A	I	X	S	L	M	U	C	L	I	R	D	L	U
O	O	Y	O	T	B	K	X	T	I	B	Y	O	M	S	Y	O	S
G	N	J	N	I	G	G	R	P	F	J	E	D	T	F	X	G	H
P	C	R	R	O	Q	E	V	O	L	U	T	I	O	N	V	Y	Z
X	N	B	G	N	Z	K	V	Y	J	E	E	F	V	A	S	E	B

CELL
DNA
GENETICS
EVOLUTION
ECOLOGY
PHOTOSYNTHESIS

RESPIRATION
METABOLISM
HOMEOSTASIS
REPRODUCTION
ADAPTATION
CLASSIFICATION

FUN FACT:
THE LARGEST LIVING ORGANISM IN THE WORLD IS THE "HONEY FUNGUS," WHICH IS A TYPE OF FUNGUS THAT COVERS OVER 2,200 ACRES IN OREGON.

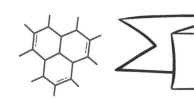

CHEMISTRY

S	G	Q	O	Y	L	D	Y	O	X	I	D	A	T	I	O	N	G
T	C	B	X	B	P	Z	D	T	V	C	T	G	E	Q	J	K	F
S	O	B	A	S	E	O	J	F	T	O	K	K	Z	R	N	D	J
O	M	L	B	V	R	R	O	O	D	N	I	C	B	V	C	S	P
L	P	A	O	C	W	M	D	H	U	C	E	O	E	Z	P	N	F
V	O	X	R	V	X	A	A	D	G	E	U	L	B	R	Z	N	W
E	U	G	Y	E	W	K	Q	T	Y	N	E	C	E	X	M	M	V
N	N	S	O	L	U	T	I	O	N	T	D	A	I	M	F	Z	W
T	D	D	Z	K	W	A	D	G	G	R	N	F	U	R	E	Q	X
P	N	Q	C	V	J	N	M	Q	Z	A	M	H	O	A	K	N	A
N	E	U	T	R	A	L	I	Z	A	T	I	O	N	Z	C	M	T
K	L	T	P	S	O	L	U	T	E	I	W	Q	P	U	Y	F	A
S	Y	E	H	W	N	S	A	Z	Z	O	L	O	F	Y	B	H	F
I	B	K	D	R	U	C	Q	K	H	N	B	P	C	H	N	M	T
N	X	M	K	L	E	Z	O	A	U	E	B	H	G	V	O	M	W
I	B	K	H	G	H	Q	J	B	C	K	K	B	M	T	V	B	O
L	N	C	M	H	E	M	W	L	J	I	A	K	A	J	I	N	W
M	P	M	I	X	T	U	R	E	L	H	D	O	B	D	S	R	Z

ATOM	SOLVENT
ELEMENT	SOLUTE
COMPOUND	CONCENTRATION
OXIDATION	ACID
MIXTURE	BASE
SOLUTION	NEUTRALIZATION

FUN FACT:

THE OLDEST KNOWN CHEMISTRY IN THE WORLD IS THE "ALCHEMY," WHICH IS THE STUDY OF TURNING BASE METALS INTO GOLD.

P	S	K	S	E	F	M	Z	P	B	D	V	W	V	L	A	K	J
M	Z	U	P	E	N	F	O	O	S	K	N	O	W	X	N	F	Y
G	Z	V	G	Y	Q	E	F	M	Z	S	S	R	Y	S	Z	R	W
M	C	A	M	J	S	M	R	J	E	H	N	K	F	L	T	I	X
U	U	F	C	S	B	Z	J	G	N	N	Q	F	S	N	D	C	H
B	A	E	A	C	D	P	K	H	Y	L	T	U	M	Y	I	T	G
V	H	M	S	G	E	C	M	T	I	P	H	U	H	G	S	I	V
T	T	G	O	I	R	L	Q	Z	Y	P	I	Q	M	G	P	O	W
X	D	R	R	I	S	J	E	T	N	P	O	W	E	R	L	N	Z
N	V	R	M	A	R	Q	I	R	Y	F	F	M	J	U	A	Q	W
I	O	D	S	X	V	C	R	Q	A	B	W	O	O	C	C	B	F
J	E	Z	W	I	O	I	E	Q	E	T	E	H	E	D	E	U	W
E	M	U	U	L	D	J	T	O	G	H	I	F	Q	O	M	N	Z
P	J	E	E	S	F	P	Z	Y	Q	X	G	O	D	R	E	F	R
B	Z	V	S	W	R	Y	A	N	G	K	H	L	N	Z	N	R	S
W	M	W	I	Q	X	W	Q	A	L	E	T	A	V	H	T	Q	Q
V	R	P	T	F	O	R	C	E	J	F	R	Q	A	Z	Z	D	Z
G	Z	D	M	C	P	F	X	B	O	D	X	C	O	A	T	V	Y

FORCE

MASS

WEIGHT

ACCELERATION

VELOCITY

DISPLACEMENT

MOMENTUM

ENERGY

WORK

POWER

GRAVITY

FRICTION

FUN FACT:

ACCORDING TO PHYSICS, IT IS POSSIBLE TO WALK ON WATER IF A PERSON IS MOVING FAST ENOUGH! THIS IS BECAUSE THE WATER'S SURFACE CAN ACT LIKE A SOLID OBJECT TO CREATE A "HYDROPLANE" EFFECT.

GEOMETRY

D	P	V	T	R	A	G	W	M	W	C	I	R	C	L	E	P	Y
U	P	Q	R	J	L	K	P	J	I	Q	W	O	Q	E	B	G	D
C	F	J	U	C	K	I	P	R	S	P	R	K	F	P	B	O	R
L	C	S	Z	A	T	R	N	Y	A	B	A	V	A	U	T	L	L
Y	Y	G	D	H	D	V	W	E	L	Y	F	M	F	Y	O	T	C
I	K	N	L	G	O	R	E	O	P	E	F	O	D	F	R	P	J
V	N	N	B	N	W	F	I	C	O	N	R	Z	Z	R	A	O	I
K	I	B	I	O	Z	W	L	L	S	X	R	G	Y	I	D	L	P
U	C	W	N	Z	D	H	R	H	A	E	X	S	F	U	I	Y	H
A	M	A	X	A	D	J	H	E	T	T	V	G	N	F	U	G	X
K	N	P	O	I	N	T	G	E	S	S	E	D	V	J	S	O	A
L	F	G	A	I	W	C	M	J	R	X	J	R	X	L	H	N	P
Z	V	Y	L	O	F	A	O	V	O	M	X	F	A	Y	R	L	N
T	S	O	G	E	I	G	Z	N	E	J	E	I	U	L	L	E	M
I	H	F	K	D	R	H	K	H	E	R	D	B	Q	H	O	Z	E
H	T	R	I	A	N	G	L	E	L	G	T	S	L	L	Q	C	T
I	V	P	I	F	B	B	Q	A	D	P	P	E	S	Y	Y	P	N
S	B	B	D	U	T	L	W	U	D	E	Z	J	X	R	G	A	C

POINT	TRIANGLE	**FUN FACT:**
LINE	QUADRILATERAL	IN GEOMETRY, A "STRAIGHT LINE" IS AN OBJECT
CONE	POLYGON	THAT HAS NO CURVATURE OR BEND. HOWEVER,
RAY	CIRCLE	IN REALITY, THERE ARE NO TRULY STRAIGHT
ANGLE	DIAMETER	LINES, BECAUSE EVERYTHING IS CURVED TO
VERTEX	RADIUS	SOME DEGREE DUE TO THE FORCE OF GRAVITY.

FORESTS #79

U	G	Q	N	E	W	U	N	D	E	R	S	T	O	R	Y	E	X
G	Z	L	C	N	G	A	H	Z	S	K	V	E	P	A	Z	N	B
Y	Y	Q	K	C	R	P	J	E	X	S	K	L	G	P	O	Y	X
L	X	I	Z	K	J	Z	Q	P	U	S	J	I	R	I	T	D	E
N	J	L	A	N	K	Q	P	O	P	K	A	N	T	I	N	V	N
H	Y	H	Z	E	S	T	R	E	E	T	O	A	S	M	O	C	R
A	C	B	F	C	N	E	V	J	A	L	T	R	K	U	K	H	A
B	V	O	N	Z	F	G	Y	F	T	S	E	E	B	Q	C	L	I
I	O	T	V	I	D	S	S	Y	E	V	A	P	F	A	C	A	N
T	C	F	N	F	J	I	R	R	I	O	A	I	U	D	A	G	F
A	Z	O	X	O	C	F	O	D	M	X	A	D	M	D	N	D	O
T	C	G	D	P	A	F	O	M	U	V	Y	A	Q	A	O	Z	R
S	H	C	O	L	E	I	R	X	R	L	A	V	V	N	P	H	E
U	R	H	Z	R	B	O	S	T	W	U	B	A	U	I	V	A	S
Z	V	P	H	O	T	O	S	Y	N	T	H	E	S	I	S	M	T
P	A	L	S	L	J	Z	X	O	P	D	K	Z	H	K	X	H	S
N	P	K	P	B	H	F	O	J	F	F	T	A	G	O	M	J	Q
D	E	C	I	D	U	O	U	S	E	C	O	S	Y	S	T	E	M

TREE
RAIN FOREST
CANOPY
UNDERSTORY
TAIGA
ECOSYSTEM

BIODIVERSITY
HABITAT
DECIDUOUS
CONIFEROUS
PHOTOSYNTHESIS
REFORESTATION

FUN FACT:
THE LARGEST FOREST IN THE WORLD IS THE "AMAZON RAINFOREST," WHICH COVERS OVER 2 MILLION SQUARE MILES IN SOUTH AMERICA AND IS HOME TO A WIDE VARIETY OF PLANTS AND ANIMALS.

MOUNTAINS

C	W	D	F	J	I	M	Q	R	P	Q	K	O	E	J	R	C	Z	
S	R	S	M	T	T	X	Y	W	K	I	E	J	P	Z	T	Y	V	
I	E	W	E	P	I	F	Y	W	A	H	M	Q	S	Z	G	O	F	
Q	Q	I	A	D	Z	B	C	B	C	V	Y	E	U	Y	P	X	A	
M	W	M	S	Y	I	G	K	N	M	G	O	T	X	I	L	G	U	
H	F	Y	G	M	M	M	A	N	U	L	H	W	A	J	A	H	B	
L	Z	Z	V	F	O	L	E	P	A	A	C	Q	G	B	T	G	U	
Y	I	E	F	T	A	G	N	N	K	C	S	P	G	K	E	E	E	
I	G	F	L	V	F	E	R	U	T	I	E	B	J	R	A	O	G	
Z	V	U	A	F	Y	W	J	A	R	E	K	Z	Q	B	U	T	T	
A	A	R	I	D	G	E	R	H	P	R	E	B	Y	J	X	H	R	
F	T	E	T	O	N	I	C	S	E	H	B	L	O	T	W	E	E	
M	S	S	Y	A	T	V	K	E	R	K	S	E	W	W	M	R	A	
P	M	S	U	M	M	I	T	A	A	K	M	N	F	Y	P	M	S	
Z	Q	D	M	B	I	D	P	E	L	T	F	F	I	Q	N	A	K	
S	D	N	F	E	S	U	P	J	A	Q	S	M	R	E	H	L	C	
W	O	U	B	M	P	D	X	L	V	O	L	C	A	N	I	C	C	
V	W	E	G	Z	M	I	I	V	J	I	J	Z	J	I	Z	M	W	

SEISMOGRAPH **GEOTHERMAL**

SUMMIT **TETONICS**

RIDGE **FAULT**

PEAK **GLACIER**

PLATEAU **AVALANCHE**

VOLCANIC **SEDIMENT**

FUN FACT:

THE HIGHEST MOUNTAIN IN THE WORLD IS
MOUNT EVEREST (29,029 FEET ABOVE SEA LEVEL)
THE MOUNTAIN IS ACTUALLY STILL GROWING
TALLER EVERY YEAR, BECAUSE THE EARTH'S CRUST
IS CONSTANTLY MOVING AND SHIFTING.

RIVERS

K	O	Z	D	J	W	R	I	G	Q	J	E	E	M	O	G	B	U
J	Y	B	E	L	Q	A	P	Q	A	J	V	L	G	X	M	T	L
S	I	V	L	N	F	N	T	R	N	W	R	V	P	Z	Y	R	Z
E	H	M	T	P	C	J	P	E	K	O	Y	K	C	I	X	I	X
B	D	E	A	C	R	E	E	K	R	K	D	F	N	Y	T	B	W
U	L	W	A	I	E	L	S	A	P	F	E	H	Y	K	Z	U	O
B	F	T	F	D	X	O	J	E	L	C	A	L	M	O	G	T	Q
I	B	X	J	K	W	S	J	Q	T	V	O	L	A	H	V	A	Y
I	A	W	M	E	D	A	H	K	R	I	D	B	L	O	P	R	Y
E	S	D	W	D	E	G	T	G	B	N	A	R	W	U	C	Y	Z
S	I	H	S	W	P	I	S	E	X	L	U	K	L	W	J	C	I
T	N	B	T	H	O	R	M	U	R	E	E	V	R	F	Y	X	G
U	L	N	R	X	S	Y	B	Y	V	S	C	D	A	M	P	K	P
A	H	G	E	N	I	G	C	F	A	Y	X	T	G	Z	Y	K	Z
R	B	H	A	J	T	E	F	L	O	O	D	P	L	A	I	N	M
Y	G	I	M	Y	V	I	V	I	R	R	I	G	A	T	I	O	N	F
N	W	Z	Y	W	O	J	I	P	S	I	K	G	N	E	R	X	U
E	A	N	G	A	N	P	B	N	X	H	J	L	B	W	D	A	L

IRRIGATION	**ESTUARY**
STREAM	**DELTA**
CREEK	**FLOODPLAIN**
TRIBUTARY	**BASIN**
HEADWATERS	**WATERFALL**
DEPOSITION	**DAM**

FUN FACT:

THE LONGEST RIVER IN THE WORLD IS THE NILE, WHICH STRETCHES OVER 4,000 MILES FROM ITS SOURCE IN AFRICA TO THE MEDITERRANEAN SEA.

EVOLUTION

G	P	G	X	P	K	G	B	Q	Y	D	V	D	A	H	Q	N	A
Q	C	Z	I	J	I	W	J	U	I	V	S	T	K	M	Z	K	Q
J	Z	K	N	B	O	H	D	S	G	G	G	Q	G	A	N	C	N
B	U	A	H	M	O	V	Q	M	P	P	E	M	Z	I	R	A	A
G	E	N	E	T	I	C	D	I	V	E	R	S	I	T	Y	D	T
B	W	T	R	P	I	R	X	N	C	H	S	N	K	W	I	A	U
W	V	N	I	F	O	V	Z	G	N	K	Z	O	A	W	J	P	R
C	U	Q	T	O	E	P	M	U	T	A	T	I	O	N	Y	T	A
W	O	X	A	S	N	A	U	J	O	F	M	I	A	P	X	A	L
Y	F	F	N	S	U	R	N	L	I	B	W	K	Y	M	V	T	S
G	V	P	C	I	Y	J	I	C	A	W	H	G	E	L	E	I	E
R	E	U	E	L	F	Z	T	C	E	T	C	C	L	E	S	O	L
P	F	B	N	O	H	G	E	N	E	S	I	Y	O	X	C	N	E
I	T	R	A	I	T	I	Y	Z	Q	F	T	O	K	T	E	E	C
B	L	M	K	L	F	U	J	C	R	F	V	O	N	I	S	P	T
X	J	I	Y	X	Q	E	W	O	D	X	C	K	R	N	H	N	I
G	J	I	I	S	P	E	C	I	A	T	I	O	N	C	W	L	O
S	I	Y	Y	G	Y	B	K	A	W	O	U	I	Z	T	X	K	N

ANCESTOR   **INHERITANCE**

NATURAL SELECTION   **POPULATION**

ADAPTATION   **SPECIATION**

GENE   **EXTINCT**

MUTATION   **FOSSIL**

TRAIT   **GENETIC DIVERSITY**

FUN FACT:

THE PROCESS OF EVOLUTION CAN TAKE MILLIONS OF YEARS, BUT SCIENTISTS CAN STUDY IT BY LOOKING AT THE FOSSIL RECORD AND COMPARING THE CHARACTERISTICS OF DIFFERENT SPECIES.

DESERTS

P	R	E	D	A	T	O	R	H	U	X	S	A	N	D	G	T	T
I	N	Q	T	K	A	U	W	L	D	X	T	Z	Y	N	M	N	J
R	X	F	D	E	A	M	O	X	R	F	P	I	H	V	E	S	L
C	C	G	Z	S	M	U	Z	E	Q	G	B	V	C	L	E	V	U
M	T	X	O	D	V	P	G	R	D	P	Q	R	U	Y	X	Y	N
H	E	X	F	A	U	N	E	F	L	C	A	C	T	U	S	G	H
Y	B	H	E	C	E	N	Z	R	I	W	C	U	V	A	F	D	Y
S	I	E	I	V	A	P	E	Q	A	U	P	R	E	Y	T	E	G
N	V	B	A	A	B	M	K	W	S	T	Y	E	A	G	Z	S	S
I	B	C	A	Z	Z	T	O	D	B	Y	U	I	G	B	B	E	X
Z	S	Q	M	Y	U	K	K	U	D	S	M	R	Z	K	C	R	R
I	A	D	O	W	R	O	D	E	F	N	A	F	E	I	F	T	V
Y	Z	G	J	C	B	P	W	I	R	L	Y	Z	W	R	T	D	Z
S	X	Z	A	F	T	E	Q	V	V	N	A	J	K	N	A	Q	T
M	R	T	M	P	Y	O	A	S	I	S	V	G	G	R	K	T	W
F	C	G	A	D	A	P	T	A	T	I	O	N	E	D	H	R	A
A	M	Q	J	J	N	Q	T	N	J	P	C	R	B	Y	N	B	J
A	D	N	R	K	E	Y	U	M	H	E	P	G	P	E	M	D	A

DESERT   CAMOUFLAGE

SAND   ADAPTATION

DUNE   PREDATOR

OASIS   PREY

CACTUS   SCAVENGER

SUCCULENT   TEMPERATURE

FUN FACT:

IN SOME DESERTS, THE SAND IS SO HOT THAT IT CAN BURN YOUR SKIN IF YOU TOUCH IT! THIS IS BECAUSE THE SUN'S RAYS ARE SO STRONG AND INTENSE THAT THEY CAN HEAT UP THE SAND TO VERY HIGH TEMPERATURES.

D	U	F	S	V	G	L	H	T	D	S	B	X	I	W	K	I	Y
Q	W	F	N	P	Y	C	X	A	X	D	A	E	C	M	D	W	Z
S	A	D	W	K	A	S	K	J	R	B	A	U	E	B	J	A	I
V	H	M	E	E	H	Q	W	R	E	U	L	N	C	S	P	T	S
U	G	Z	B	P	G	G	P	E	G	T	E	K	R	X	E	E	N
L	R	D	L	W	H	M	J	F	L	E	H	C	E	B	V	R	I
E	O	D	P	Y	L	U	M	P	R	T	T	F	A	J	E	M	H
C	M	F	Y	A	V	H	M	C	I	G	E	E	M	N	D	E	F
S	I	J	I	C	K	A	S	I	D	A	U	R	U	B	W	L	G
Z	U	H	S	E	E	N	C	B	D	C	F	Z	I	S	V	O	Q
C	W	N	Z	U	U	G	Z	A	E	I	E	Y	K	N	O	N	P
U	V	N	B	S	P	R	E	B	T	Q	T	F	A	D	G	D	E
A	M	I	C	U	L	W	R	W	F	I	E	Y	H	Q	F	F	V
P	E	O	F	L	R	A	V	I	Y	C	O	F	Y	Q	V	S	Y
E	D	M	D	O	B	N	X	U	J	S	R	N	T	L	Z	E	H
P	N	J	E	G	O	Z	X	I	I	Y	H	G	O	K	I	E	K
I	U	A	H	W	S	U	N	D	A	V	D	O	J	A	B	Q	N
Z	V	H	E	A	T	S	I	V	Q	K	P	P	H	F	U	E	K

BARBECUE   SUNBURN

SUN   POOL

HEAT   BEACH

HUMIDITY   VACATION

SWELTERING   WATERMELON

SUNSCREEN   ICE CREAM

FUN FACT:

DURING THE SUMMER, THE DAYS ARE LONGER BECAUSE THE EARTH'S AXIS IS TILTED TOWARDS THE SUN, WHICH MEANS THAT THE SUN'S RAYS HIT THE EARTH AT A MORE DIRECT ANGLE.

H	Y	E	Y	Q	O	K	I	F	E	X	B	N	P	M	P	J	Q
C	O	Z	S	A	A	C	A	Q	I	B	B	W	F	F	U	T	Y
Q	K	K	S	F	K	S	D	D	L	U	X	H	T	V	W	K	S
T	P	B	J	Z	A	V	G	U	U	T	T	A	Q	Q	U	P	X
A	S	C	A	R	F	L	F	I	K	J	B	R	U	Y	D	R	B
P	I	E	H	N	F	R	L	L	G	F	H	V	I	U	I	Q	O
P	E	X	F	A	O	L	E	A	V	E	S	E	N	K	Z	Y	B
L	Z	C	M	L	A	A	Y	T	D	E	S	S	T	S	V	X	Z
E	Q	U	O	V	Q	A	S	U	D	U	E	T	I	Q	V	R	N
S	Z	C	G	V	V	D	E	I	Z	J	G	H	T	B	K	P	A
Z	P	B	A	P	D	L	R	Y	B	H	W	Q	D	Y	X	C	T
D	Y	U	S	L	U	Y	N	B	N	O	S	W	E	A	T	E	R
I	P	H	W	F	A	F	Q	F	O	Z	F	D	X	R	L	A	K
G	Z	W	Y	H	D	X	E	W	F	N	V	M	F	Y	A	J	F
H	R	X	S	Q	X	E	Y	E	B	Y	F	T	W	H	Q	K	R
P	U	M	P	K	I	N	S	V	V	W	X	I	Z	T	K	H	E
W	O	N	N	Q	U	K	C	O	R	N	T	X	R	D	Q	Q	U
S	D	K	E	H	V	K	Z	R	C	V	T	Z	Y	E	V	J	Q

		FUN FACT:
RAKE	PUMPKINS	THE TERM "AUTUMN" COMES FROM THE LATIN
FALL	CORN	WORD "AUTUMNUS," WHICH MEANS
LEAVES	HAYRIDE	"THE TIME OF GATHERING."
COLORFUL	BONFIRE	
HARVEST	SWEATER	
APPLES	SCARF	

G	A	T	W	M	D	P	S	B	Y	D	U	Y	M	O	D	V	W
E	Y	K	H	P	I	X	M	S	E	T	Q	M	E	M	S	U	G
W	S	I	D	S	X	M	D	M	H	V	G	R	U	S	L	E	D
Z	G	L	J	S	N	O	W	B	O	A	R	D	Z	F	M	Y	I
R	O	I	M	D	H	J	D	V	Z	F	D	K	N	K	G	D	Q
C	Z	S	W	C	U	T	S	S	N	O	W	B	A	L	L	N	I
X	N	H	D	Q	A	B	L	I	G	K	S	J	Q	K	L	R	T
U	T	S	Q	O	F	I	X	I	R	I	G	P	D	I	H	B	T
M	A	I	C	B	K	B	A	S	N	O	W	M	A	N	G	T	E
F	T	Y	T	V	S	O	U	K	D	V	M	J	Z	N	L	X	H
Y	C	Y	T	N	L	E	X	I	O	Y	D	T	I	P	P	V	X
R	E	Q	L	N	E	L	C	P	G	V	Q	Z	J	R	I	B	L
B	I	U	W	Q	E	F	R	O	S	T	E	T	I	E	C	P	Z
T	N	F	W	N	T	H	E	L	L	E	E	M	E	R	E	D	K
E	O	K	U	Z	M	P	T	S	R	K	E	R	C	W	Z	D	P
G	G	F	S	K	A	T	E	F	N	W	Y	W	G	Y	R	B	H
D	E	A	S	R	R	W	F	G	B	O	O	E	G	S	V	Y	M
X	I	V	R	A	V	F	C	A	E	F	W	B	H	O	N	X	G

COAT	FREEZING	**FUN FACT:**
SNOW	SNOWMAN	SOME ANIMALS, SUCH AS BEARS AND
COLD	SNOWBALL	HEDGEHOGS, SLEEP THROUGH THE WINTER
ICE	SLED	IN A STATE CALLED "HIBERNATION," WHERE
SLEET	SKATE	THEY CURL UP AND SLEEP FOR MONTHS AT
FROST	SNOWBOARD	A TIME.

K	N	T	P	I	D	I	R	S	Q	C	B	L	O	Z	S	D	X
T	K	O	N	L	N	K	B	Y	O	D	P	I	O	R	E	V	L
V	U	G	X	A	A	W	U	S	V	L	M	T	B	B	E	O	B
F	L	B	K	J	L	N	T	A	I	Z	D	X	E	C	D	M	Y
Y	A	H	A	I	Z	D	T	R	B	S	F	H	L	U	O	G	D
G	A	R	D	E	N	P	E	R	Z	W	U	X	B	S	P	R	A
W	S	V	V	S	C	I	R	S	S	F	G	D	S	I	M	A	T
X	F	H	X	W	K	Z	F	K	P	B	C	O	S	F	G	S	E
T	R	L	O	R	H	T	L	X	Q	R	L	J	I	I	Y	S	A
P	E	M	O	O	K	U	Y	N	T	B	I	S	J	V	B	F	S
F	N	O	A	W	E	H	C	R	F	X	S	N	Y	C	Y	Y	T
X	E	Q	V	G	E	L	D	A	X	X	P	V	G	J	L	B	E
J	W	P	V	N	O	R	Y	I	H	G	R	D	U	N	Q	A	R
N	A	E	A	I	C	Y	S	N	D	P	O	L	R	H	P	R	M
B	L	X	A	L	G	Z	K	V	L	B	U	M	L	U	L	W	I
T	V	D	Q	J	H	Q	C	V	Z	O	T	M	W	U	D	S	T
T	U	S	O	F	T	P	Z	K	Z	D	F	J	L	T	J	C	X
Z	J	V	I	P	P	P	P	M	P	N	P	W	N	F	H	Q	D

SPRING	SEED
FLOWERS	BUTTERFLY
BLOSSOM	SPROUT
RAIN	GRASS
GARDEN	EASTER
PLANT	RENEWAL

FUN FACT:

SPRING IS THE SEASON OF THE YEAR WHEN THE WEATHER STARTS TO GET WARMER AND THE DAYS START GETTING LONGER. THIS IS BECAUSE THE EARTH'S AXIS STARTS TILTING TOWARDS THE SUN AGAIN AFTER THE WINTER.

BEACH #88

W	S	U	N	S	C	R	E	E	N	S	R	R	S	V	K	R	F
E	I	Q	E	B	Z	M	N	S	I	N	O	K	A	H	R	Y	Z
Y	Y	E	S	T	S	F	R	S	U	E	O	D	N	Z	Y	S	J
Z	S	H	E	L	L	L	T	L	U	R	W	I	D	L	O	T	P
F	Z	E	A	E	L	Y	T	S	M	N	F	G	C	U	L	O	K
H	J	Z	X	I	K	T	U	I	M	C	K	U	A	A	U	W	L
M	J	R	G	S	O	J	E	L	L	Y	F	I	S	H	W	E	I
H	J	V	V	W	E	F	O	A	M	Y	H	K	T	V	T	L	F
N	E	J	G	Z	T	A	K	H	U	L	Q	U	L	S	I	O	E
C	S	S	N	Y	V	B	G	A	N	A	Y	Q	E	W	P	E	G
C	W	M	N	O	L	Z	J	U	N	A	O	W	V	I	Y	I	U
R	C	C	H	J	G	S	J	O	L	K	B	D	D	M	R	B	A
P	A	H	F	X	V	R	P	Z	E	L	P	A	Z	D	V	Q	R
J	W	V	E	Z	N	O	V	R	Q	X	X	G	E	D	H	Z	D
P	K	K	T	I	D	A	L	P	O	O	L	I	N	T	T	T	Y
S	S	G	R	S	X	N	P	R	W	J	F	A	Y	C	G	B	P
D	R	S	Q	F	S	X	I	H	U	G	S	Y	Z	G	N	H	C
N	K	C	P	Z	T	W	B	Q	B	C	K	L	J	L	D	P	X

JELLYFISH	SWIM	**FUN FACT:**
LIFEGUARD	SURF	THE SAND ON THE BEACH IS MADE UP OF TINY
SAND	SHELL	PIECES OF SHELLS AND ROCKS THAT HAVE BEEN
SUN	SANDCASTLE	GROUND UP BY THE WAVES AND THE WIND.
SUNSCREEN	TIDAL POOL	
TOWEL	SEAGULL	

G	D	T	Y	I	B	Y	T	E	G	M	O	D	E	R	N	W	C
T	J	N	Q	Z	W	F	F	L	S	I	V	U	T	Q	V	A	E
B	Y	J	S	G	A	U	L	N	Y	E	E	E	O	V	C	E	M
R	Z	H	F	G	K	E	B	Q	P	G	C	P	R	I	D	D	X
E	H	Y	M	I	G	F	J	G	K	R	B	F	V	F	N	S	O
A	W	I	V	Z	Z	N	J	R	M	J	M	R	Y	Z	P	V	M
K	A	Y	P	Q	X	H	Q	A	H	T	A	N	G	O	I	Z	Z
D	V	F	O	H	G	N	L	X	T	C	D	D	Y	P	G	Z	A
A	M	G	R	M	O	N	S	E	Q	V	G	X	H	Q	T	F	A
N	J	M	O	F	D	P	L	W	O	A	X	Y	D	L	A	Z	U
C	U	M	A	L	W	L	P	Q	I	J	V	Z	A	I	D	Z	L
E	F	A	K	M	A	I	V	J	U	N	Z	W	I	W	N	X	P
W	O	E	W	B	B	Y	C	K	Z	A	G	S	A	U	A	O	U
X	X	F	W	L	K	O	B	O	J	O	R	S	R	A	F	I	A
R	T	E	S	V	B	P	Q	K	S	C	G	J	A	E	F	J	F
N	R	B	T	F	L	A	M	E	N	C	O	N	G	L	K	N	R
Z	O	U	E	B	P	V	F	N	C	P	F	U	N	B	S	F	X
J	T	Q	T	Z	E	E	J	V	B	R	K	Y	N	Z	F	A	M

WALTZ	SWING
BALLET	SALSA
JAZZ	TANGO
HIP HOP	FLAMENCO
FOXTROT	MAMBO
MODERN	BREAKDANCE

FUN FACT:

IN SOME CULTURES, DANCE IS USED AS A WAY TO TELL STORIES OR CONVEY EMOTIONS.
IN SOME NATIVE AMERICAN TRIBES, TRADITIONAL DANCES ARE USED TO HONOR THE SPIRITS AND CELEBRATE IMPORTANT EVENTS.

LANGUAGES

L	R	X	U	U	S	O	F	M	R	V	Y	U	B	W	J	S	Z
M	T	S	C	I	L	T	V	Z	H	O	P	M	P	M	A	W	Z
E	G	Y	J	V	L	I	L	S	O	Y	O	H	S	N	P	E	O
M	U	C	W	U	S	B	I	L	T	E	I	E	Z	W	A	D	J
G	E	Y	Y	X	C	L	A	I	K	G	S	M	T	O	N	I	F
B	L	V	X	I	G	Y	W	L	B	E	W	H	Q	V	E	S	Z
G	Q	J	B	N	B	X	Z	O	U	I	F	R	U	A	S	H	Q
I	X	A	E	J	E	O	R	G	M	P	Q	D	S	T	E	X	X
Y	R	L	K	I	V	R	U	C	K	Y	B	D	P	V	K	S	T
A	P	G	N	I	T	T	P	W	W	W	I	V	A	X	H	O	X
H	D	H	Z	L	R	A	M	Q	U	N	L	K	N	W	R	U	C
D	H	Z	F	O	G	O	L	Y	Y	L	B	J	I	C	S	K	H
J	Y	I	P	R	L	E	T	I	D	T	S	F	S	V	Z	K	I
S	C	E	N	L	E	X	R	K	A	N	W	S	H	S	B	Q	N
W	Z	B	Y	D	O	N	S	M	N	N	X	N	D	U	L	J	E
V	A	R	L	J	I	T	C	U	A	B	J	Q	Z	J	Y	Z	S
N	Z	U	G	P	B	S	X	H	I	N	O	F	T	X	Z	B	E
Q	T	F	F	U	T	K	U	O	S	K	O	R	E	A	N	C	T

HINDI	PORTUGUESE	**FUN FACT:**
ENGLISH	JAPANESE	THERE ARE THOUSANDS OF DIFFERENT LANGUAGES
SPANISH	CHINESE	SPOKEN AROUND THE WORLD, AND EACH LANGUAGE
FRENCH	KOREAN	HAS ITS OWN UNIQUE SET OF WORDS AND
GERMAN	SWEDISH	GRAMMAR RULES.
ITALIAN	ARABIC	

PHOTOGRAPHY #91

E	X	H	B	U	E	N	J	L	G	C	E	G	E	V	Y	P	P
I	L	O	Y	C	O	Q	J	A	E	X	T	P	H	R	J	V	O
P	O	Y	S	I	U	D	A	T	P	N	A	C	O	N	H	K	R
R	R	N	H	Y	N	S	C	L	S	C	S	D	W	H	R	E	T
I	Y	A	U	B	O	I	D	U	S	U	N	C	L	O	I	P	R
Y	P	H	T	Q	M	O	C	D	U	P	Z	K	O	A	I	S	A
C	T	T	T	V	I	O	N	K	U	A	A	O	J	F	R	E	I
L	O	Z	E	L	F	A	A	P	E	R	T	U	R	E	U	G	T
D	B	R	R	Z	L	P	J	V	F	T	F	Z	E	D	L	R	S
N	L	X	S	D	S	R	C	Y	M	Z	N	R	U	X	E	L	M
E	T	N	P	R	C	D	T	H	L	A	U	R	P	V	O	N	Y
G	F	M	E	H	F	G	X	U	R	S	W	R	W	V	F	H	H
A	C	J	E	F	S	D	F	E	O	G	C	P	R	S	T	R	M
T	M	K	D	M	C	P	M	P	O	U	B	S	N	Y	H	P	I
I	K	V	W	W	L	A	X	X	E	D	S	Q	L	D	I	W	G
V	V	J	V	B	C	E	X	B	F	V	O	M	T	N	R	G	B
E	U	G	R	C	O	M	P	O	S	I	T	I	O	N	D	L	K
K	H	U	S	D	I	G	I	T	A	L	N	Y	U	R	S	U	E

DIGITAL	EXPOSURE	**FUN FACT:**
CAMERA	FOCUS	THE WORD "PHOTOGRAPHY" COMES FROM THE
LENS	COMPOSITION	GREEK WORDS "PHOS," WHICH MEANS "LIGHT,"
APERTURE	RULE OF THIRDS	AND "GRAPHE," WHICH MEANS "DRAWING"
SHUTTER SPEED	PORTRAIT	BECAUSE PHOTOGRAPHY INVOLVES CAPTURING
NEGATIVE	LANDSCAPE	LIGHT WITH A CAMERA TO CREATE AN IMAGE.

E	J	P	X	B	R	H	P	X	K	T	V	G	R	R	H	V	K
D	O	Q	W	M	J	M	A	R	T	I	A	L	A	R	T	S	G
W	A	P	B	T	W	E	Q	F	N	R	S	P	Y	P	U	G	W
E	A	S	E	O	U	H	G	U	U	T	H	Y	L	S	Z	F	A
R	H	A	U	I	X	I	F	O	B	B	O	P	T	L	N	M	N
F	T	V	U	N	L	I	L	V	Y	K	G	I	C	I	I	W	M
K	A	M	K	G	H	U	N	X	O	N	J	G	A	L	S	H	Z
X	E	C	A	F	Z	P	B	G	I	U	W	H	Z	F	Y	O	Y
C	K	G	R	B	K	H	M	X	I	A	T	U	C	Q	D	S	K
M	W	J	A	G	K	S	O	J	O	Y	O	L	G	N	Q	F	B
Z	O	C	T	L	X	B	T	Q	A	E	Q	L	O	N	R	G	H
M	N	T	E	O	K	V	I	U	E	A	Z	W	Z	D	F	G	I
T	D	F	Q	C	B	X	M	H	D	U	K	B	R	Q	Q	T	S
E	O	U	I	X	B	R	F	A	F	E	E	Q	P	Y	T	P	M
A	V	K	N	S	J	A	S	G	A	Y	E	K	O	Q	O	H	L
D	U	D	O	J	O	N	N	T	W	W	S	D	U	F	U	T	F
A	I	K	I	D	O	U	A	Z	T	R	U	A	S	N	B	U	F
M	W	R	F	U	K	H	A	J	U	J	M	F	M	F	G	E	K

MARTIAL ARTS
KARATE
TAEKWONDO
JUDO
KUNG FU
BOXING

KICKBOXING
MUAY THAI
JIU-JITSU
AIKIDO
TAE KWON DO
DOJO

FUN FACT:

IN THE MARTIAL ART OF TAEKWONDO, STUDENTS LEARN TO BREAK WOODEN BOARDS WITH THEIR BARE HANDS AND FEET AS A WAY TO DEMONSTRATE THEIR STRENGTH AND CONTROL.

ISLANDS

#93

```
Q Y Z T W V Y S Q U Y G L P A I R X
D U V P W X U S I D C F N S I R Q X
U Y O L W M S K N B E G U U F K X A
Y P I U H F R E E F L T I N H T P A
T M P T N B I O D I V E R S I T Y W
C Q S H U R R I C A N E U I O M M K
K I Y D M S F I S C Y H H A E B F G
Y T U M P Y E Z P I Z G F R G C B Z
R P V H D T Z B Y L Q U V C N L V B
V E K G U L F S T R E A M H L A T N
D N E S C P F T R L Z B L I I G M I
T I Q F E V O R X K U F M P K O S P
H N W K O A L O D A H P K E P O X J
P S V H N L J P V K P T I L L N L L
A U S C O K C I L J O K X A U Q E F
C L F T D G R C C D C C F G V S E L
J A A H O A F A E M C K H O S N T L
D V P P Y V M L G U L F J K S Q M M
```

HURRICANE   **ISTHMUS**
ARCHIPELAGO **TROPICAL**
ATOLL   **GULF**
REEF   **SEA**
LAGOON   **GULF STREAM**
PENINSULA   **BIODIVERSITY**

FUN FACT:
SOME ISLANDS ARE FORMED BY VOLCANOES,
WHILE OTHERS ARE CREATED BY THE MOVEMENT
OF TECTONIC PLATES.

COOKING

K	P	M	H	A	Q	D	B	M	E	T	G	L	B	D	F	J	Y
H	U	N	M	Z	F	T	V	R	F	N	R	O	F	X	I	X	F
Z	K	I	T	C	H	E	N	D	R	Y	R	R	U	U	N	W	S
O	P	C	H	O	P	P	I	N	G	T	N	F	C	Z	G	T	S
E	D	T	O	N	G	S	D	T	B	E	K	E	H	H	R	K	Y
T	J	I	U	W	T	B	Z	G	D	A	Z	C	B	C	E	X	T
C	S	J	C	R	E	C	I	P	E	S	E	I	K	B	D	I	M
K	D	U	G	I	Y	C	S	J	N	P	S	W	A	O	I	E	I
O	N	U	R	Q	N	C	P	B	K	O	T	B	P	X	E	G	L
U	J	R	A	T	A	G	G	N	G	O	I	N	W	H	N	V	Z
N	N	V	T	Q	I	Q	W	N	R	N	N	I	N	I	T	F	G
C	B	C	I	S	D	H	I	D	Q	G	G	F	D	X	H	A	B
E	K	T	N	M	I	K	F	B	O	N	R	N	G	L	Z	L	J
F	D	I	G	W	A	E	O	W	T	M	E	F	O	D	B	C	N
V	X	D	H	B	N	B	P	B	F	L	G	X	B	O	R	C	Z
M	O	L	I	J	A	R	D	B	U	N	S	R	A	U	A	G
B	E	G	Z	J	E	I	J	I	C	D	R	V	I	P	L	G	G
C	G	B	H	P	D	V	I	L	Z	F	J	H	V	R	T	U	D

TONGS	ZESTING	**FUN FACT:**
RECIPE	DICING	THE LONGEST RECIPE IN THE WORLD IS FOR A
KITCHEN	BLENDING	DISH CALLED "BIRYANI," WHICH IS A TRADITIONAL
INGREDIENT	OUNCE	INDIAN RICE DISH THAT INCLUDES MORE THAN
CHOPPING	TEASPOON	50 INGREDIENTS AND TAKES DAYS TO PREPARE.
BAKING	GRATING	

V	D	F	A	N	T	A	S	Y	E	G	J	U	C	S	I	M	J
C	R	E	A	T	U	R	E	S	W	K	G	L	X	U	C	D	W
K	N	Y	T	B	O	S	B	D	B	L	Y	Q	E	D	M	V	D
C	L	B	B	O	H	G	W	Y	U	R	Y	Y	Q	G	O	O	C
H	G	F	E	B	B	L	V	X	J	P	R	O	P	H	E	C	Y
X	J	M	D	F	Q	U	R	S	S	J	O	U	L	A	U	N	H
Z	R	P	R	L	W	R	I	R	N	Y	T	T	Y	A	Y	D
G	X	F	H	V	K	H	E	F	G	S	L	Y	F	G	T	Q	X
M	G	U	C	T	D	T	G	O	N	L	G	F	A	P	G	H	R
V	O	F	C	J	S	S	E	L	L	E	A	S	Z	C	T	U	R
D	J	U	S	N	U	A	A	K	J	Z	P	P	N	Y	O	M	H
G	B	X	O	S	T	X	K	L	M	Y	B	S	M	N	I	S	U
S	H	M	G	O	N	S	D	O	A	J	H	F	H	X	J	A	N
A	O	L	T	E	P	N	A	R	G	W	G	Y	T	F	V	L	L
A	Z	A	N	J	E	R	T	E	I	N	O	O	F	I	D	I	C
C	J	B	T	G	O	M	B	F	C	C	G	Q	W	T	R	V	F
D	V	H	E	R	O	E	S	E	W	M	I	E	D	H	Y	R	K
A	Z	L	P	O	Z	A	J	M	Y	T	H	I	C	A	L	C	I

MYTHICAL	HEROES
LEGEND	MONSTERS
FOLKLORE	CREATURES
MYTH	FANTASY
PROPHECY	LEGEND
MAGIC	SAGA

FUN FACT:
IN GREEK MYTHOLOGY, THE GODS AND GODDESSES LIVED ON MOUNT OLYMPUS AND HAD SPECIAL POWERS, SUCH AS ZEUS'S ABILITY TO CONTROL THE WEATHER AND ATHENA'S WISDOM AND BATTLE SKILLS.

ROBOTS #96

C	A	I	C	A	C	T	U	A	T	O	R	B	K	R	E	M	L
V	F	H	O	E	Z	A	D	I	H	F	G	A	K	W	Q	D	V
L	R	N	D	O	M	L	W	G	G	A	V	P	O	F	E	V	S
F	M	M	I	Y	A	G	X	L	Y	R	R	O	W	A	H	M	E
A	Z	X	N	K	C	O	Y	N	B	L	P	D	E	T	F	Z	N
U	I	X	G	L	H	R	V	A	D	N	H	X	W	W	D	R	S
T	O	M	G	K	I	I	C	Y	P	Z	Q	Q	X	A	G	W	O
O	C	O	V	O	N	T	D	I	H	F	F	N	N	F	R	A	R
M	T	T	N	Y	E	H	W	C	R	K	D	V	N	T	V	E	P
A	J	O	H	I	L	M	P	R	O	C	E	S	S	O	R	O	J
T	N	R	N	P	E	Z	Z	N	A	N	U	Z	A	D	M	E	W
I	D	P	Q	Q	A	F	T	M	Y	M	R	I	O	D	R	R	Y
O	P	R	O	G	R	A	M	M	I	N	G	C	T	A	M	Q	E
N	P	I	S	R	N	Y	I	S	G	M	G	A	W	F	I	T	B
B	C	K	G	T	I	D	X	V	S	P	Z	T	T	S	J	D	V
H	F	L	L	S	N	K	P	G	C	V	F	A	Z	Q	O	S	Q
W	A	L	Q	J	G	V	G	D	G	O	W	V	T	Y	M	S	U
I	B	O	X	J	H	B	Q	J	S	F	I	S	F	E	D	B	L

PROCESSOR　　**HARDWARE**

AUTOMATION　　**SOFTWARE**

MACHINE LEARNING　**SENSOR**

ALGORITHM　　**ACTUATOR**

PROGRAMMING　　**MOTOR**

CODING　　**CIRCUIT**

FUN FACT:

SOME ROBOTS ARE DESIGNED TO PERFORM TASKS THAT ARE TOO DIRTY, DANGEROUS, OR BORING FOR HUMANS LIKE EXPLORING TOXIC ENVIRONMENTS, DISMANTLING BOMBS. THESE ROBOTS ARE CALLED HAZARDOUS DUTY ROBOTS.

S	O	Q	W	C	H	O	C	O	L	A	T	E	C	H	I	P	S
L	N	S	N	I	X	S	V	B	N	Y	K	O	B	H	W	Q	H
X	R	C	N	J	T	A	L	M	S	H	E	R	B	E	T	H	U
N	L	P	G	E	L	A	T	O	K	O	G	O	G	Q	J	E	A
D	X	O	N	G	B	J	V	U	T	L	A	Y	I	F	A	N	F
V	Y	S	H	U	E	E	E	X	A	J	E	A	Q	D	Q	C	P
X	X	H	G	G	T	P	J	M	R	L	T	C	N	G	K	R	W
U	C	M	D	E	L	S	G	I	N	F	W	U	I	L	T	L	F
L	T	U	Q	U	N	I	V	L	W	Y	S	B	K	W	U	C	O
D	F	Z	R	T	D	K	W	K	D	Y	D	D	T	I	U	O	T
Z	G	J	T	M	X	S	E	S	Q	N	N	P	A	F	M	N	P
T	D	N	U	T	P	O	T	H	N	L	U	N	T	J	E	E	P
G	P	O	L	E	O	R	F	A	S	P	R	I	N	K	L	E	S
Z	Q	F	P	O	I	B	X	K	S	O	H	W	Z	U	Q	H	Z
O	K	F	L	Z	G	E	Z	E	Q	S	J	H	H	F	Z	T	S
Y	V	K	Z	O	L	T	Q	C	N	B	E	N	C	T	P	O	S
E	N	J	H	F	A	T	Q	D	S	U	U	H	U	L	M	U	U
I	E	U	C	R	W	T	W	N	N	F	U	I	P	D	I	M	V

FUDGE   **FLOAT**

SORBET   **CONE**

GELATO   **CUP**

SHERBET   **SPRINKLES**

SUNDAE   **CHOCOLATE CHIPS**

MILKSHAKE   **NUTS**

FUN FACT:

THE WORLD'S LARGEST ICE CREAM SUNDAE WAS MADE IN ALBERTA, CANADA, AND WEIGHED OVER 50,000 POUNDS!

COLD DRINKS #98

V	Q	H	K	B	E	S	L	Q	B	V	V	Y	G	T	Y	N	Z	Y
N	W	T	N	E	G	H	E	U	D	I	S	U	S	R	W	W	R
U	V	M	Q	M	B	N	M	R	F	B	C	Q	U	R	O	O	O
T	P	W	G	U	O	C	O	Z	R	M	I	E	H	B	D	O	Q
K	H	A	A	M	X	Z	N	P	A	L	C	J	D	C	Z	V	U
Q	C	F	U	T	E	S	A	T	P	M	E	G	O	T	W	A	G
G	O	K	I	I	E	M	D	K	P	M	D	V	I	Z	E	H	J
R	H	S	J	T	N	R	E	S	U	E	L	K	W	F	H	A	P
K	A	U	L	C	X	F	X	N	C	E	A	T	P	B	R	Z	I
V	O	R	E	C	T	R	S	Q	C	V	T	I	V	G	F	V	Z
S	S	M	O	O	T	H	I	E	I	S	T	A	I	X	W	P	S
O	L	W	V	Q	T	D	U	W	N	R	E	C	X	L	I	Z	S
N	C	U	L	H	W	N	Z	O	O	M	O	O	Z	G	J	G	V
M	R	X	S	S	S	Y	I	U	O	L	O	M	S	U	X	Q	X
I	G	E	G	H	P	O	P	R	M	I	L	K	S	H	A	K	E
L	K	D	J	J	I	D	B	A	Y	V	K	P	R	V	G	E	N
K	J	U	I	C	E	E	U	G	O	O	L	H	L	O	B	K	C
K	U	I	C	V	Q	W	G	N	S	O	D	A	G	F	C	E	I

COLD DRINKS   **LEMONADE**   **FUN FACT:**
WATER   **ICED TEA**   THE OLDEST KNOWN RECIPE FOR A COLD DRINK
JUICE   **ICED LATTE**   IS A RECIPE FOR A HONEY, WATER, AND FRUIT
MILK   **SMOOTHIE**   JUICE DRINK CALLED MEAD, WHICH WAS
SODA   **MILKSHAKE**   POPULAR IN ANCIENT EGYPT, GREECE, AND ROME.
POP   **FRAPPUCCINO**

F	J	Q	D	V	M	X	I	S	G	A	Q	H	T	P	L	T	M
B	A	P	S	K	B	O	Z	A	X	P	R	G	C	O	C	O	A
G	B	T	A	K	A	Z	C	E	V	Z	M	R	X	A	F	E	A
C	R	K	K	F	A	E	K	H	R	L	H	I	L	X	Z	C	U
T	H	E	M	P	K	S	B	S	A	M	G	C	N	A	J	L	V
Y	H	O	T	C	H	O	C	O	L	A	T	E	H	T	T	O	J
H	C	Z	V	H	D	N	G	O	Z	E	V	A	W	S	T	T	Z
E	E	B	H	T	N	C	N	Z	F	Z	C	O	F	F	E	E	E
R	P	U	J	K	K	P	Q	R	B	P	W	O	X	Q	V	W	A
B	V	U	W	O	I	I	A	E	I	M	M	A	T	C	H	A	M
A	R	O	I	A	K	V	U	R	Z	Z	E	X	A	O	E	Q	V
L	F	J	H	D	N	R	Y	A	P	P	K	K	E	E	P	R	C
T	V	C	V	M	W	Y	E	V	Q	I	O	X	O	B	Z	W	I
E	E	C	A	P	P	U	C	C	I	N	O	G	K	O	L	N	D
A	O	O	O	M	F	C	I	S	S	C	X	A	O	I	B	K	U
M	S	G	Z	B	U	C	J	Z	Q	O	J	H	F	O	N	L	E
R	Y	U	I	K	W	W	Q	Q	P	C	O	R	T	A	D	O	Q
S	A	B	V	P	E	S	P	R	E	S	S	O	L	D	I	L	S

ESPRESSO   MOCHA
MINT TEA   CHAI
COFFEE   MATCHA
HOT CHOCOLATE   COCOA
CAPPUCCINO   HERBAL TEA
LATTE   CORTADO

FUN FACT:
THE TEMPERATURE OF A HOT DRINK CAN AFFECT
ITS FLAVOR AND AROMA. SOME PEOPLE PREFER
THEIR COFFEE OR TEA AT A HIGHER TEMPERATURE,
WHICH CAN BRING OUT MORE BITTER WHILE A
LOWER TEMPERATURE CAN BRING OUT MORE
SWEET OR FRUITY FLAVORS.

ROOMS IN A HOUSE #100

K	I	T	C	H	E	N	T	Y	R	L	G	O	T	E	X	U	Q
E	F	M	I	S	W	P	Z	Z	G	L	V	S	B	N	M	I	H
X	T	J	R	Q	B	A	D	L	W	M	M	F	M	O	O	P	O
F	J	P	M	X	J	W	Z	N	I	O	E	O	F	J	L	H	N
H	Z	P	N	I	F	V	K	V	O	J	U	D	C	E	T	O	Z
T	F	S	Q	C	D	Y	J	R	T	L	A	K	I	V	S	N	W
A	J	M	V	P	T	L	H	R	B	U	U	Y	J	A	D	X	E
L	K	T	L	Z	W	T	C	W	F	O	R	Q	Y	G	A	C	Y
I	B	U	Q	O	A	K	H	J	S	E	K	Z	Z	R	I	G	U
V	G	J	M	B	K	B	E	N	S	T	C	A	G	F	L	I	T
I	Z	Q	D	R	T	S	Z	R	S	Z	A	S	F	G	U	V	C
N	B	J	C	O	K	J	U	E	T	M	D	O	M	F	Q	G	H
G	I	Z	J	B	D	N	U	K	Q	L	T	I	I	E	X	K	L
O	A	D	L	G	L	G	Y	B	I	S	W	Y	N	O	Q	X	D
C	O	Q	O	A	S	Q	S	B	W	D	S	B	J	I	E	B	X
R	P	L	B	E	D	R	O	O	M	B	S	F	S	R	N	H	F
I	D	Z	H	U	F	A	M	I	L	Y	X	D	R	H	S	G	E
O	M	A	S	T	E	R	L	Q	I	O	Z	W	F	K	F	A	E

KITCHEN	**KIDS**	**FUN FACT:**
DINING	**GUEST**	THE FIRST HOUSES WERE MADE OF MATERIALS
LIVING	**NURSERY**	SUCH AS MUD AND STONES. THEY HAD ONLY
FAMILY	**BATHROOM**	ONE OR TWO ROOMS. OVER TIME, HOUSES
BEDROOM	**OFFICE**	BECAME MORE COMPLEX AND HAD MORE ROOMS.
MASTER	**MEDIA**	

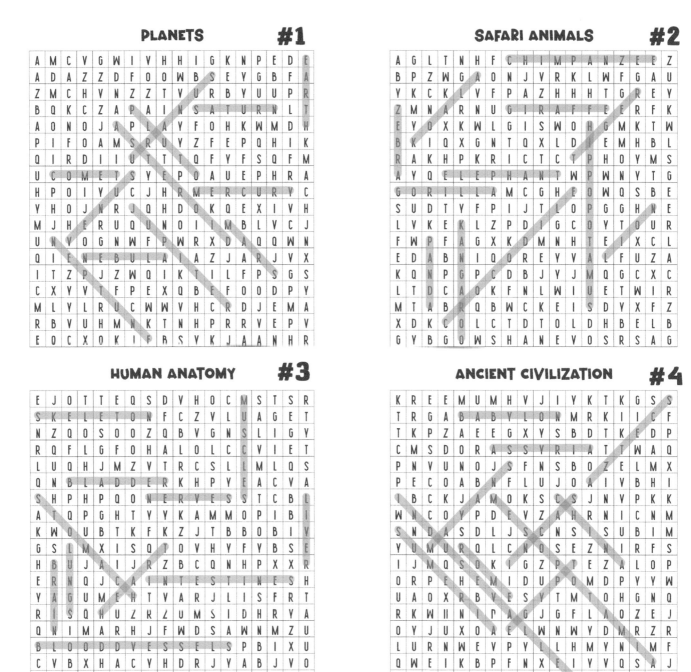

MUSIC #7

```
R K K W E O M J G W B P P X E E L T
Q V H F U Z R V I A O K N K M Y
A K G I C T E C S W Y A N H G W T F
N C Z V O E V M H P D H C D A S S M
L U M R M M U E S E S G A J H V T T
X G T F P P R L A Y S Z Z R U U O G
B U F L O O I O E T A T A E M P N O
A X Y C S V F D P X L D R H U O E E
Q K V H E I L V I S D F K A Q H N Q
U A Q O R J H R H Y T H M V L R G Y
J A N I V C J Z H J E H F L M J U L
D V Q R T C G X J C O N D U C T O R
Q P T I V Z L G M R A R E T J L L H
W O P L V B E P S N L A Z T H G D N
L D Y N A M I C S I V A D Z K P V J
A N L T T E H E E L U P X R D V T Q
U A Y J W C V B V V Q U T P H I W Q
O X K W H I K I S S U Q S A G O X V
```

MUSICAL INSTRUMENTS #8

```
H I T U T J F D Y P Z R D O B V J K
D G O R K K I W U X A D N R C Y D V
Z Z Y N U J C A P T S A C O X T I T
O K X F P M O E I F I L K F V F D P
E U X O H W P U E P R Y P J Q A G D
W P I X B B G E F U S T C U M X E Y
R V B A S S T M T N V R T J L X R V
B P W F T A G S E V P O N E Z Z X K
V C S M C M H A B R V M N S G N D D
I O W F Z L A X Z R C B R L G D O R
V I O L I N R O W U L O U L B R O U
F J M B T Z P P A C A N D E Q Q J M
N L A C V M E H A R E I R W C X S
F W U L B U G O S P I P I D M Q U C
W U P T M Y A N N H N K Z M V Y O X
Y D L E E M C F J H E N H N H M C O
X C Z G C K S C W U T Q P N S Y L S
X V J P L H O R S A T D Z F Z I Q Q
```

NUTRITION #9

```
A B L J K Q Q M E G C J V K Z P M H
Z O O F Z M K Q O A A L P A S R B Z
M D A Y Z L F Q V L R X T H V O K L
Q I V G S O D I U M B P E V B T I M
R M N Z G W L H W Z O X N S E E O C
E K T E V X E E A H C O S I I X P
I D D H R W X S T N Y W D I O W Q G
O V E D A B R E T D S A A Q I V Q
S M M G X N L L R I R B M D O R V O
N F E Z E A Y S W O A G G Y F G I Q
Q A T U N S B N O X T O W L B Z T Q
V T A C E W T A N I E H M F P E A U
L E B F V F S I P D S W B B N D M O
G F O V I P P Z U A Y F B U M T I F
E I L Q N B O A A N R A M I P Q N D
O O I N M K E J T T S T W L O Y S M
U J S P P D A R D S E S I F V K I C
V R M M G U A K M C A L O R I E G B
```

SIMPLE MACHINES #10

```
Y V B N P K S Q X W Q Z U H R O U L
L M S B L T M C U L R T W R L K Q L
X Z M I T N S O R L V C P T T L U F
Q Y U N B N Q M Z E F V V Q F R L R
B K I C G E A R V B W X H R E A N F
Q E U L K T F E W W P A R V I T U C
D U M I D L C W D Z R F E T U Q B P
P R H N M W T I D O U R L N Q O N G Z
N B Z E C J W O Y R J E X L O P Q U
A U X D S L J N F O R J L Y V U E U
T T O A O D U K T E O C T K M L I H
K X W P P P A T F P E T T S C L C L
K X B L W R G F C G I B T O P F P T
N X O A B R I H E H H T J U V Y I G
S X S N D D F G C R B R H N V C K P J
O X L E B K D J F L Y W H E E L I J
R C A M M E V A U T E Q H R S O X G
K G F X W B W H E E L C F V Z K Z F
```

PLANTS #11

```
H H G O X B B O F J Q J V N F H D G
F A E S G O W V R K C V O N V U I S
F A R T Z Z T F O V K I O C V D I W
Z Q M E K T N H V H T I D K J U T M
C F I M T T L R W A T O C X O T N D
B C N V D V S S N A R F D T V M E A
A D A V M Q R I R S R Z L I M E S Q
M N T C R A L I P T O B R O S M I D
J V I M C L P B F F O F E W W P B Y
B K O V O S I F A L T V S S X E V A
V B N P N P A I V C A P U X D R J
T V H A N W H X G D D L I R T U Z Y
R U R F V T U S S W A R R O L B
U T P Z T S J Q L H B W V K T T P L A M
P H O T O S Y N T H E S I S I E F F
D W N B C U F M A E M V O O S F C P
N U A F R U I T U B T A N O M R S Z
```

OCEAN LIFE #12

```
N A A C F H T S N I K P W K X A C X
T Z T J E C J H J V I C M F Y U N D
M S G F P C I A K D O L P H I N X V
J H J R X R B R Z A S B K B Z Z T D
E V C J L A J K K U T N H B J G E U
L O U S R B P F X E F R Z O P G Q
L V E Q J L R Z O O O Q Y H R N C N
Y M W S I P T U I R K W H Z J C Z L
F G U J F C N V Z L S P W W H W F A
I F W N O G C Z Q G L T C F P H I N
S P A C J L O B S T E R A F Q A S O
H A C O R A L L M G H H O R E L H Z
Y V Q E O K T V X X X V L F E Y U
X H C J A I S M L R I D X I B I T W
Y U W F D S E A L S C I K Y S B S G
I W M B N P X M O Z V K S H E T F H
L B R A O H X T O U S O U S S F O
M V N I S G S E A G U L L T Y A Y J
```

DINOSAURS #13

```
H U Z G M E B P K M P X X U O S M Q
A S T E G O S A U R U S G U I P N C
L C V K Z W X R G G G R H N D J G U
L M E T O Z W A Q K U G V S S Y B U
O E L R X D P S Z H H K W G H T K U
S G O I W E W A V Z P E X W Y R O P
A A C C W G G U D G Q H A Q A A B T
U L I E V B K R I G U A N O D O N E
R O R R T Y R A N N O S A U R U S R
U S A A H R Z L V R F H U W E K T O
S A P T Z H M O E W T Q D P B P Z D
B U T O C Z E P O P K L I Q O K C A
G R O P L N B H K O N V M E I T H C
K U R S O U Q U M H U T A W U Y X T
U S B N Q Q P S N E N F N Z B V P Y
A N B R A C H I O S A U R U S M W L
J D E V X A N K Y L O S A U R U S T
B Z I Z N T A D I P L O D O C U S G
```

GEOGRAPHY #14

```
M A C Z S M M O H G T X T W O T H V
M G P C R J A J P I S U V A Z O N H
M H E J P D P X G H U N P V Y M Y E
Z N L B S N V N M D K I O N G P U O
L H X L C T C I C O N T I N E N T F
U C R H I K S V R R E G I O N G N S
M V Q C V V K L H Z M Q J I F J O N
M L W U X N X Y D O E H E S R B H K
A C D J O T E E W E Y X M L I T B R
X O V P V X U F R J S C K A V M T Z
E U R K Y Q R H X M G E N N E Y K L
V N Y C A P I T A L O H R D R N M S
J T M D X X S K F Y E U D T I O Z V
A R H G O R G E O J H R N C W T Y D
Y Y E N D P X G R B A A U T U G V I
C S P P T T F F E N R Y K I A K J Z
E L A K E G H W S T Q O D U O I H
Y A S G C A B V T D M X Q Y L W N Z
```

FOODS #15

```
V Q H T O G M M D D J F E G A D H K
L E D P E I E E L W B M G V H D C V
S V G S E O A Z P L O Z F P P I V S
M K E A E Z R S F J X K E J P F G D
V F Y G N A P J I K T C A C C G N E
A S I K E F F V U M S N R U V E C Q
E T P N N T W Q E T Q A O P X X S L
X E R F H T A S O U P N N C B Q A X
P A Q A L O B R Y D P C I D K E L Y
E K H Q W C X V I F I H V D W A A L
S F L W Z Z I C O A C L P D E I D V
R G X I D G L U T E N J F R E E C R
R I E B O V S R Z X H B L T X J H H
F P G Z O G K E O Q P S U S H I E R
L A K F B F R R P B F N W B T V L L
M S A D Z G W R S X A R A X U Q T R
B T O I N G V U H C D P I Z Z A X A
Q A Q Q M L O T U F B M F B E A V K
```

SPORTS #16

```
W W B J Y G J D W I F O O T B A L L
M P A Y A Y P E C C A S T A W S J K
P Y S D G M K W P O W H C K K A Z W
T W E C L N W E E B W Y N Z D N I S
R Y B X B A S K E T B A L L W X Q A
A V A M C S D T E N N I S G J G R G
C S L N E T F X H N Z D U W U N M L
K H L I T I G B G Z V D N T C R K U
S S K M H C V I X R G O L F M Y C O
A W K P J S Q E C R D O D T L E K X
N E I A U D V N C E W T X E G O L N
D K Q M T Z S S I B C N A T D H F O
Z D Z W M I Q Q A S C H L I J Y B Z
I S O C V I N I P W O A O A V K W
I A G X O V N G U P U C A C E E H W
E S U N I Z Z G V D F Y C A E A P W
L U I I U N Q X O F E F B E P E P W
D M R D P J G Z X V C V G Q R T Y S
```

MOVIES #17

```
D F J S C R E E N P L A Y K A S U H
B O P C N L H N B P E A G T D E L P
Y Y C K N C Q C C U B P C P L J N O
T J K U U C L Y J U S N B T P W N J
J C O U M E P L Q L M P L T O O I Z
T U S Y U F E G X R E U Q O O R D A
F W F Q L L N V O G Z S C W E A R R
U W E S J E J T E Q B X K X G D K E
L S O L N G C I A W C N B P H A F M
M C D K S E D Q W R O Z U Q V P E A
G Z O K R N H X P I V D S A X T C K
C A O I I M T J T P F V T U O A W E
Q J D X L M Q A W O E O W T X Q
I V N I H R M J Z W Z G R Q F I G W
N U E R X I V M O L S O R I T L O O G
Y X I M N O L B O V Y O O Q I N S O
K Q S A N J W D W P R O D U C E R X
F J R T N L A N A C T R E S S S U C
```

TRAVEL #18

```
U G A J K L D L M L E S H R X A N K
Q F Q P B K F V C N K G L T Z I Z D
C S Y K J F T J A C Z V O O N L G Z
A J J H R I A L A F R L I U O C V L
R X W T R T P P K A E M U R H Q A L
M H H R Z R K H R T I K G I A S C T
E W B X I C T E O N Z K O S U V A R
M I G A A X N H B Z W R K T X O T X
A H N B X I G E B Z A T V F K V L L
H Y B V T O R D E S T I N A T I O N
E C U I D P B V A H U G F E E M N N
X R S T W Z F O J A J X H V M Q I Z
D F T R C R U I S E D J E G D J K I
R C E R O A T X U X Q V E Z Y H E O
N J H R A R F D U L S X H E T Y
E P O H T I W A R N P K J K B P Z J
H G F B I R N R E S O R T C V H E F
X J W J P K L R F I U H A R G X P D
```

NATURE #19

```
G H H I Q T N M E C O S Y S T E M X
M R A P V Y N H I Q C F K V N U K N
J C K B S A L S O I L Q B M F X W T
T V F G I W I L D L I F E V R D Y G
C C J N S T E O J Y R P A L O D B Z
A Z H X I C A G W A T E R S C O A P
S O R H Z Z M T M J K Z X V K H K E
G V S N S W N Q L A N D S C A P E N
U E N Q L G J I D Q Q V U H T K D Q
W M E Q M R S S P W G T A Z C S Z V
R T G V H X L V G O F Z F Q B J A Q
X H D L N E K K N I F F R Q O W F T
G V G I Q O A S V V E I V W V S L R
C O N S E R V A T I O N A Z S U O E
L C C J S K V I L G G N U A E K W E
H J N E N K V X O K G T R D T B E K
E P K I J P W D A E R G W S M T R M
V G H C D K Q H J O O H O W L J S N
```

HOLIDAYS #20

```
N N U P F I G V A L E N T I N E S G
K E E Z L E N K N C V W L V D J N M
H H W A H H A E N Z H I K J S I D E
O A W H G F E E M N D R U J V V N M
W I N N Y W L O R I C X I U G N O
D V H U O E S N E I G O G S V G J O
E G Z L K U A L K M N S P V T Q E I
B B L E W M K T R P Y K S F W H M Y
Z A B P L C A B S N M Y F A C H A L
H Y L F L J R H A K X D E S N R H S
R I T N X A E H S I B G T W J P C D
D R E B T G T Z S J J Z Z G N O C A
D L A N T E R N X F E S T I V A L Y
A C I N C O J D E Q M A Y O L B U W
G T E W Q Q Z W U V O N S H P B H O
X F J E A S T E R F W U H M J Z G M
U V J S T . T P A T R I C K S A R J
O B I S A O V G F U F R J W G N K M
```

MATHEMATICS #21

```
Q X P D J L X E V Z F R A C T I O N
S M X C L H A V Z F T O X X U G A P
X N D M I R D E C I M A L R K E D K
T G G U S U B T R A C T I O N O D T
Y T Z G Y W L V M Z F K X Y I M I Z
R S N C H I X Q U U G K E T J E T S
I Q W Q R W C A L C U L U S M T I S
W U A G J W B M T S G A Z L K R O O
N A P D H A Z C I V F B G I C Y N D
B R U E M X V B P D T K M H A Q A O
X E X I R L B J L W I E W H H R H A
S R T C D C U G I E U V A G B D F C
C O S Q V G E V C R B A I E X A A X
E O O V V V N A G O G G S O J O F
H T G O Q N V H S I L Z H I Z R K
R C U M F M T V I A A F E P I O C Q
H M M O B O P D O B G X M N K E N O
Q P E L N Q H S N W R E X F G V F O
```

INSECTS #22

```
I F J H B E E E E V O A K O G J U P
S A C K K C P T J D S P I D E R V G
L O R I S C R Z T X V Q G M E L U S
I W I H J Y A X V G Z P T J F B T K
D X C X J L V W L P Y Q V R Y E V H
R G K B M X I O Q O H C E D U D K E
A B E S D Y N P G C Y T A L V A N I
G T T V Z L G D T J T L D F W X E G
O Y K M T U M V J U H U F Y F F L M
N B Q Q P E A J B E V D I B P Z G A
F W N S M F N L V W S A H Q T W D P
L V A Y A I T O W B M Z N Y N A R B
Y W O W 7 U I K P C C X W T C Z C T
O O U U V H S T Y V U K T Q E X R
N G R A S S H O P P E R C S M O G H
Z H T E C K O P I H J S J V A O G K
V L U V S E E M E A B S C P Q S V C
S M O S Q U I T O P T H V Q Q F B R
```

ROCKETS #23

```
M I S S I O N H S B D S A T U R N T
P X R A Q T V A S T R O N A U T B V
Q N S D L A U N C H P A D N S U I I
P I R P Q D P U T Q B U O X P T G X
B D E P A P Q L S K M T L D E M L K
D X R B K C H K L P K D F O N K P A
I I L N T J E A I D M R A N E K I M
K I H B Z Z W S B O B K L V L K R A
J I H E N E D M H A Z W C H H K X O
E M X T C F R O E U Q Z O V B Y M O
J R K A Q Q E O D O T C N B O C E M
F G P B K A H D D D T U R O B R K
A S C M Q V A Y X R Z V L U S P C K
O P A Y L O A D O F A U B E T T U F
W F B Z L G B B F W E V U G E K R A
X Q O T G O B D D N J E I E R Z Y M
A P O L L O Z X J U B E J T S C E R
U Z Z V G M H R G H J O E H V H N X
```

ASTRONOMY #24

```
G A L A X Y V C H Y S S E Q D O N Q
Q G B T O G I Z Y Z R T P J R B J S
T E L E S C O P E U S O A F S C Z S
F N T V J V G H V S W F M R O D F I
A C H A R J M Y D L K E I T L P S R
A J I E A S T R O N O M E R R U H B
F S C H M N G N E B U L A W S D J Z
E N I E E Z I V P L A N E T V V T Z
F W L A T C C I V B I Q T D S Q I G
Q X N M E T A K B O H E O A T L T L
O O Q E O N T M Q M M L C P E W S H
K N Y T R E V K E O D C G I M Q W W
J W R E I L U B C S H D F Z R X P D
K W V O T N G U B X L H B V W A D E
N U X R E N U T U W V H F T Z Z K Y
J Z Z S P A C E T I M E S N B V C G
I N D S A N H A S T E R O I D D Q D H
```

CELESTIAL EVENTS #25

ELECTRICITY #26

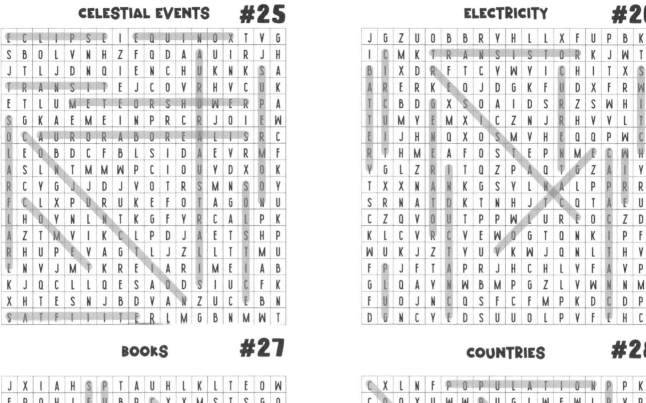

BOOKS #27

COUNTRIES #28

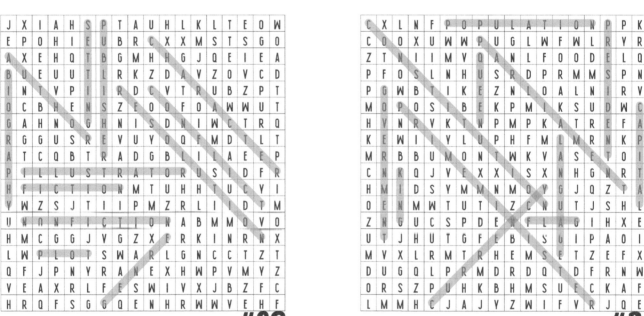

COLORS #29

OCCUPATIONS #30

FLOWERS #31

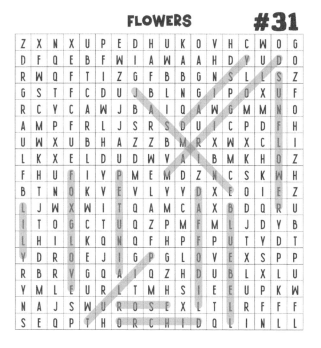

```
Z X N X U P E D H U K O V H C W O G
D F Q E B F W I A W A A H D Y U D O
R W Q F T I Z G F B B G N S L L S Z
G S T F C D U J B L N G I P O X U F
R C Y C A W J B A I Q A W G M M N O
A M P F R L J S D U I C P D F H
U W X U B H A Z Z B M R X W X C L I
L K X E L D U D W V A I B M K H O Z
F H U F I V P M E M D Z N C S K W H
B T N O K V E V L V Y D X E O I E Z
I J W X W I T Q A M C A X B D Q R U
I T O G C T U Q Z P M F M L J D Y B
L H I L K O H F H P F P U T V D T
Y D R O E J I G P G L O V E X S P P
R B R V G Q A I Q Z H D U B L X L U
Y M L F U R L T M H S I E E U P K W
N A J S W U R O S E X L T L R F F F
S E Q P T H O R C H I D Q L I N L L
```

FRUITS #32

```
A L L G B L P S S H Z I H E B O S M
D M X N X W E T I K K C V G Q I R
A V A J Z U A R S R G L M Z R S M J
Y N M N M I C A B V L G I O A T L A
G K G G G M H W M F Z W M R P Q T J
S M S N U O A B R L I Z W A E X N D
B E A L S N J E I K R G Z N S P M P
G L P W A G G R S B K P D G P I T L
L O X N A R X R U C O I B E L N N U
R N A J T T N V C R M M H Y O E T Y
B B I F I B E T V S E X P I F A O X
X H T B U R F R O N I Y I Z X P F H
G P J H A K J D M Y N X O O U P O D
L A R F P U T P W E L C I L G L H S
L H K N P H M I D P L W R Y N E J S
S P A M L Q E O A F A O L J D R D R
A U L U E B S I Z T B Z N N K K E R
F S W X O P R B I I Y L Q H O U G C
```

VEGETABLES #33

```
I J W F J C A H B M R E M W E B X Z
W M F U D Y R W C A B B A G E T V Z
D I Q V D A U A X L K K N B W B W D
X J V F H J A G D B I K V Z K E C W
L I K W F D H E N E C W X K L U J
J K I M P T R R A T S H K Y R L O A
D H W Y D O K L Z O H C K C P X W
N R Z P E C T M T C J R M N A E H B
R F W Q Q N E A O V S T R U P K R
H T R R C V U W T T G P Q G L P O O
H H F O V X D A A O B X J I E D C
Z I V E G G P L A N T Q N D F R U C
X N B O Z F J J K Q O Z S X I N Q O
T S A N B O T A R B B O V T O V Q L
M F J I B J P R R X L Z Y A W G A I
T Q X O A Z A E Z D M R S F E R O Q
U M Q N F C T V A H Q M F G R E T U
A V B D N N G S W K K X A X A J M C
```

TRANSPORTATION #34

```
Q G P Y Y V L L A W U Q T B B Y V A Q
T R A I N N M U H V A P J P V B J L
S A N T X C O L Z O D F O R C J S C
P Q I Y U A N J B Y O M B S M L M O
A G B I O B O K M V G O R U N Y M A
H E D S O L R N E R N T J P H Z F N
Q Q P T R E A C D V U O C U V M Y E
G G Y P W C I C R E S R A C D S E Z
S L X Q H A L R B S C C R V I Y L T
R U W F H R Z R C C P Y T B M W B P
W C E R S W U N B O U C V E H E M B
H S X B B U F Z G O Q L R Z P G J W
T Z Q U U I D I M T J F V L X J U
U E C G B X C W L E P A L M A A O G
H L L E U B N V A R F T A A N H B V
R T N S K Y K C Y N R V O E A U C
B Y I T N U P T U L T M K Y O N J L
Z D G X Y K Q I G J E H R H M C N R
```

CLOTHING #35

```
W Z M L R K C P X X I N P A N T S A
J A C K E T K J X B G Q N T Y W W F
M F J I C I S C A R F F R F I W B P
G J I R H Z F W E M G I G G S I C Z
I C T C R H A T Q X K K U T G M X I
G L O V E S L G P S H T C A C P W B
Q B M E X V I S T D T W L O S W H F
Q M P S O Q C A N O D C L B A X P M
H H X W T S T T Q T R C E O S T B K
I C J P R O Y F M S E A F J V H K X
S V V I S C G Z U Z S Q G D G S U I
M W Z E Q K G S T U S M X K I J C Y
O L O G P S Q A I Y X M O L S Z I B
J H Q V Q Q C O S J O I Z S V M J C
S Q P Z C J Q M H E V H T I S V E E
J V V G I X Y L I L B B P M P C A U
T E Q N N W E X R I J E L D Y K N H
M G G Y S E P J T J F N E C F V S H
```

EMOTIONS #36

```
R Q J R W L P J Y Z N G S H C J V P
M B W E F O X X O I P X P C W Z Q A
X T D V A T L R I W C Z Y V C N K M
F F R S G L Q I N M Y H T S D M X S
A A V E Z Z O X Q S Q G K V Z B O U
C C P I N J P U J V T U G H Z J O Y
Y Z T Y X V R M S Z A Y R R A A R H
L W E N Z C Y N S Y Z O V X T P V Q
O G B A V D E P R E S S I O N A P A
K L D R N I J M O W N V I G N G O Y
D I F Y H G C M N S L C U U J T V V
M N G O F F R G N I A V P B B R Y
N J V M Y S Y R M L N P R I D E C
X R D O V F J Q K U O X T Q M D G B
S A D H O P E E A Q V I Y X X C S I
E F H T K V T A R E E N R S W L
N G G B L Z A R R S B L K D G W I
L K Z X T C C W F D O Y V J T T C A Q
```

SHAPES #37

```
Y Q K D Z C W R Q G Z H Y S K H W M
M D Q O H T M K X X N U Q V T R E C
O R K Q J S Q U A R E V M T X H Q
P H A R E C T A N G L E P N J D M I
P E P F Q R H C D R P I W O M A S X
D X M I K S R W P G J E X U C F I V
Z A I C Y L I N D E R H J T H N I G
S G L E H L Q T H C D H F H F I H Q
Q O O S P H E R E O A S E L F F F D
D W C E G T F K Q Q M L A E G P T F
K Y T W B V M K D Y G V B B K J P O
G I A V Q H B M I N O U Z C G U V R
K N G L J U I B A P C O U Q X E K U
Z O O O Z P W I M B C C V I B R T N
F Y N Q D I R W O B W H C I R C L E
U S P A X T R L N G U D U Z S L W V
V Z I S H O U P D I R L Q F G X F L
W O H R K Z X B P E N T A G O N V J
```

TREES #38

```
T L B G Q N Y Z C O H I W S G O D M
O R M C R O V M O N W J E B T E A T
M A P L E I D A B A I L O H I N B K
F W B N E Z N P V V K W S P W A M I
S V I U C E P P J P B L O G J A S M
T Z R G I U E L O I W K R U S W W A
M Y C X M M G E B N I V E Z Z C F X
Z B H Z E Z G V M U L W D T B Q I B
D N R Y D Z X G R M L C W E B P G U
Q B X C H E R R Y K O B O O X E H N
O B J B O A C R P B W V O Q S Z Z D
P I N E O Y S P R U C E D O X A E W
J M D E Z E Z O N Y G O L H Q E A V
F X V L R N C B M L V P E H P Q W O
K O J M Q W Q P G E Y S G K J A W V
N T O T T H B P G M T M U L H P L V
B M M G S Y F P B O E H G G N U Q M
P H G S H Y G V I N Z T C T X J O A
```

TOOLS #39

```
W O L B O J U Z Y N B Y D R I L L S
L E A S V G M N X H P L E P B H Q A
J V I A R D V H D J A R T D J X E F
A O D N L K E W E V U M F A S W H M
E W R D J F T J A S B O M X L W T B
P G T P V Q A V A C P X L E I R H L
L L Z A X G G E Z A L E J J R E F E
I S T P A S M G O S V G U W V N U P
E L R E K E Y V J B E C Q K E M C S
R P M R P J F L L U T O G S M H A J
S E Y A S M W A T T W T S C J G X S
I A T K P A Z G L S C I Q Q G O E C
T T G H S C R E W D R I V E R P U R
D P Y N U U C Z A W N K M D B A O E
Y J I C H I S E L I N A W B A Q O W
F M H F E A I M S J S U I N Z N R I
R O P F N P Z J X B W F M L V V B Z
P R R U H D R W H D A J D Z U O P K
```

FURNITURE #40

```
Y Q B X S D D L K V W J D V N N J S
I R P S Y Z R H V T N E M A Y V T M
T V D X H Z M E L X B K M P S O F A
U A E F M Y R E S B E O H B T G A C
R M N X T A B L E S T V V O B V Q N
W H N H B Z U K U T E Q O O G O X N
R U G G K K Q N O M K R S K H L R L
C O K E K D R G C V O J A S K R Q D
U G Z H G V E H Y V K K G H H C L R
D W N R S Z H G A G W X F E M J F A
K I N Z L P K P I F V Y Z L I W N W
F Q P U Z S F T R S X H P F R L R E
W Z U W E A G Q R Z S D A C R A E R
S G I D L O T M F A C E V P O M M S
B G B W L X L W C X A I Q Q R P E L
H W K K H V A I X Z P N V X T Z Z F
S X A E K H S S N G U U Z N D A J F
A F E R I S O H H L N P R H J Q H X
```

APPLIANCES #41

```
G Z W S E Q X H Q R E V N W K C V
M Q K A T C D T N W D Z Z B K Q P F
K W D H S E O F I T U R C R R L L O
I W V S V H D F B M E T E G V G V O
V V O O O K I A F H N V U C J J D
J O T O V H D N S E A J D V L Q Q P
F S O N E W C A G E E H L E S G M R
Y I X Q N Z W Z L M D M O R Z B O
L S W I V H C V B W A D A J U B L C
N V Z F S L M B Q S V K Q U B E
V R F I J U H A W R E G H L E V N S
K H D S U E I K F R U P C I A R D S
V Q O D E Z I D M R P J S F N W E O
R X A E W T S T P J U C Z O R R E R
P V L C K W S V F M R R E W U G C
B Q Y X Z A W C X T C M J J M J M P
S U Z K D F J C L M V Z F P Q S
Z Q E T T T S M S D Q G G J T W
```

TOYS #42

```
C N M A D F B V P I V Z L F D J T S
I V P L A Y D O H T V L W H G X E Z
Q X K O L B F V M E Q Q C I V L X Q
W O O M E H Y K S D U B Y Y B U E K
F F G V D F U H M X E U J R Q R I A
A C T I O N F I G U R E A S R G H M
G V V L R J A C K S J M Q O D Z M A
F I N B Y W B O A R D G A M E O C Z
U D O V K E N I E O A U S T V M O A
J E D R W Q O D B E R V X E K R V F
I O K W T S B B W N P U Z Z L E N B
W G U B T E D D Y B E A R C K U T A
Y A Q Z O W C S F L M W U R I S H F
Y M G V V D W L R Q X S J Z M V C T
I E E M K V O I Z X Q U X U S X W
D R E B U G L N H B V O V O B M S G
P F P Z E P S K C X B Z D Z M W A
L V U L U U V B F T Z B H O F I W W
```

GAMES #43

```
J P D H E A R T S M F M C J X R V M
I C X J Q C H E C K E R S Z K H O K
O L D M A I D C S R X E Q O E U H Q
J G F I A H E E H O Q U G L F Z V E
N F Q S S D J M H Z C S A X P W W
B E K E C N C V X I T H P G T O S H
I V L W S X N X X W Z R A Q L K C N
J Q Z I K T T Z T O B E D Y G E R W
U R S I I K R P I M W U E U E R A Q
T V R V R X E R X U O D S K I Q B Q
F I L F O S F Q Q P S N I Z L B B E
W K D H C G O F I S H M O M H Q L N
N F S E V O P P C H E S S P T G E K
I Q G Y M P U K H H F P H W O L H F
D L C W M L X M W D F V X M L B H
L B R I D G E T F B N Y G B C V Y E
V Z X M K R U M M Y A C Z S Z O H G
Z B R E Y R M T T S B I C Z H T T F
```

CAMPING #44

```
Q T X W Y Z W Z S U N S C R E E N M
Y W R S W P M Q E V D K H A I L D I
X Y E C A P R L U U G U W K A J Z L
T F B M A R S H M A L L O W S W Y N
H S U O L O I Q O I E K F U H A G J
E V X P I X A M N T E N T Y B M Q X
I N S E C T R E P E L L E N T N E G
M W C F P B S I E R M L H F J V N S
P A O L I H A L I R D E W L T E C S
S T M J X R M C E H T U I A O L A T
A E P H I Z S I K E P V D S S N M E
T R A I B X V T E P P L N H T S P J
U B S K N E V D A I A I J L L K F D
I O S I X C M P D Y C N I V W I Q
S T B N M B J N B U D G K G I D R W
G T V G B J C D P D K K F H B W E U
J L N E J F Z S H J X M I T Z A P V
E E W H A V G G D Q H G K T V C G F
```

MYTHICAL CREATURES #45

```
B L A R Q P V D R A G O N G O N P P
W E Q P Q H H O D U V G F K C T E V
C Q T O O S E I Q F R Z D D T O J N
V R S Q R C A K B O T Y I Z H A M U
C G G R O M J P O H O L V S N Q Q Z
L T B N R G H M J U C E N T A U R U
O T J E A V F I L N G C H I M E R A
P S M E K Z X N U Y J M B M S F L S
S U A M E R T O D M Y U Z P J V Y P
C F G T I W N T I P W E A H J F R H
V B X P Y B Q A C H O G K O A M A I
Z T A W S R Z U K T R E N E W X B N
C N F I H T I R H O C Q N N W O N X
K B U N I C O R N C F O H I K D R R
R E G B Z F R H V T I G X F N J H
I I F D N A M R B D J P R B C T R B
G Q I Z J V V U E L G R I F F O N Q
H J S K W V S J D W O K C K B P K V
```

ART #46

```
B J B T Z P T B V E U L C Q O N K N
F V K J E W T Q O G H A Q P J C V M
X N J E A X X W N Q E V J Z N P C L
K U C M G R T I E B S B F B Z J I
M X E V U S W I S C U L P T U R E J
V O R L N A K Z L L W L T W Y D Q G
T O A L R X Q N M E R M C I S P W B
W W M D W Y S T J T U M S M P Q T V
K A I Y W X D Q Z C A A V D L F M F
F E C P E R F O R M A N C E Z W Y I
X Q S V C O L L A G E D K S L X O R
A G D Y A H M I X E D M E D I A F Q
W K L X P A I N T I N G W A Z N R A
V W O A N J F A I C O L Q O J R S V
U W I N S T A L L A T I O N Q M M S
F E M I V S P R I N T M A K I N G Y
X S I T C K P H O T O G R A P H Y Q
J S F Z B R M Y H M K Z R O Z H E I
```

UTENSILS #47

```
O F C H O P S T I C K S J W G W F N
O E U W P C P U T F Y I F C O P T B
F E M G D E B F K R S C I S S O R S
X O L N F E X M B T Z R L B V Q W R
U X R I R I U H E C A N O P E N E R
I R N K J J Z J S M D P E E L E R S
M K G W F Y M G Q G E E S O G Z
V I U H P G V W P N A L I N J N V H
L V J I L K N E V T T L O I D A
V A Y S U P I A V U W Q U T U J E I
P S D K I L N F T K F X X L K C L M
L L J L U C W S T E Q Q V D A X E K
I L R P E V R J R J K F U M T H A
R F Z K X Z G O W H O T L J G K V S
J W C J M I B O W H K N W G G X F X
N X K Y Q H P S N J D G M Y J Q V V
Y P Q U W A N R N V C O C V D O N F
P B G J M I S O A L K O Y D B Y S W
```

SUPER HEROES #48

```
J C D F F V D Q E M J F V J Z N E P
P R X S I B E D G Y L A B N A B N D
P S U P E R M A N U Z F R M V A E Q
H V U R D P E O R K C E R X B J A N
F V Q U I W Q K W Q T E M T V P X X
N H J X L S T C B N D L P R X Q A W
T A A U C A P T A I N A M E R I C A
B J S O Y H E L P A U W D K B K W N
M L H A O J N S N S B O I X J R M X
M T A R G E G A X P S N C A W A K X
T T H C E B M Z M Y M D H Q F S I N
A H N R K T R A P P I E S U R J G M
Z E G N A W Q U D R R J R J A B C L J
R F Q B S U R H X O W S M H I Z Y
D L R M J E M C D J N O S A L C J H
H A I I T J E V O T M M W N Y W T G
N S T E T J U I W A A H A P G X M
T H E H U L K M B L N W M N P A W V
```

LANDMARKS · #49

```
P C Q P C H I C H E N I T Z A U Y Q
S T O G B B E G I U C M J A N Y D C
V O A V O R L R C A O P T Z R A C E
D W I J L A S E N L L V B Z G Q M V
N U M W M V M A G D O W I X S P O I
E D J U P A T T Y Q S O G G C V U L
Y U A M Y T H W C H S J B E J J N J
O M X R I F K A E I E E E T R W T P
P L W P H N U L L W U Z N E X Q R G
E Z P O M V N L G F M R P G M Z U S
R S T A T U E O F L I B E R T Y S P
A Y U L U E I F F E L T O W E R H M
H Z S W R B L C N D Z C R D W W M X
O H O Q M A C H U P I C C H U X O U
U M M W G B P I G D L M M E K V R P
S Z A B R N U N J P G R N F R R E U
E I L C P Y R A M I D O F G I Z A K
P C H R I S T T H E R E D E E M E R
```

ELEMENTS · #50

```
S S H U Y S W V C M Y P R D P Z B E
L C H Y D R O G E N O X Y G E N P W
H S H E L Z P X U W R U B W Q V L C
P M Y M Q N P O A T K Y O K Q G K Q
X G I N Q W E B K R I M R A D B Z W
L I T H I U M O U Y T Q M V N F A W
N I S T K T O T W H L E Z D Z L P E
P F T W H A R N Q I F L U O R I N E
F K W H C L M O O P M U X O M K A M
S U K N A Y O R G M K S S O D I U M
T W F B P I S T U E H X G C V Y D Z
F Z F P F E I N Q N H E L I U M U J
J S V I T B L F M A G N E S I U M B
J N G O I L O G K D J F I K R R R O
E H A T V I W K P M T O V K D B L R
F L M R S Z Y W R C A R B O N C A O
N A E M W W Q H I C X L E E I B M N
S B S R S M J C G E A L N P A B Q Y
```

FARM ANIMALS · #51

```
X E S D H S U Q X V O S X C J H V C
O P I K V V A X I E P M R I R S X R
S L O E V R P Q I S W W C J Y G D E
R C T U R K E Y R I D T U I L O J B
Q G S I V V X O L G E A P X Y L J B
J B X N T Z H U I Y F V L C N S U C
X Z N M J D C W J T F Z P M J F D
Z I O O Q I O L O Y N W V I A H D E
D X W O P S X M A W T V D G O C A I
Z D G F I T T N Y M K G E O B K A I
J F I R G W T R S X A P A A W P G M
J O Y V C I A X I R S W F T Y K S A
Y U X E V E H N A L F F P N U E H C
V T V E V K K O V X H P V M K K E J
W X C H I C K E N B W M E U O G E U
V T I F Q O B B S P Q W A S S O P F
N M S G K J Z Y F K X Y Y K P H O Q L
D F S G N S Q Z L G X P D U C K S Y
```

PLAYGROUND · #52

```
G N N Z U Y S A F S I Z Y H U B B S
I I W S H J C D M G P S L I D E A T
A X M O N K E Y B A R S D J M H S X
O V Y M M Q M C L M T N V C R I K L
R N F O R F O I R X U D H H C T E H
X G I N F V C H X O M G T R O R T Z
N S H S F W T O R E H P C L K A B S
I W G A D T B O S Y O R L H A M A Q
Z I C W M D G U M Q B T I Z M P L C
W N G Z N Y O J W L V P M Q S O L C
O G D A R H H H L F Z X B U V L E C
Q U S R Y Z M S T R I J I D J J I O R
N R E A E B D L S W P P N S B N U F
A M L F R Z T H A 7 I R G D T F R I
Z P P K A P U S U R I L W Z J J X T
M I H W U V E Q J O N S A X S W R L
K E V K D E T M F E E L L P X K S D
N E V B S V T V L A W I L S W O C C
```

SCHOOL · #53

```
N U F D O U R O T V B T V P I W D E
B L U N C H B O X P B R O E B O O K
C M V T W B Q A V J F X A N W H W C
A D P L H P R D P M U Q V U P D P R
J K H J I B U D E S K V L N N L E X
G L R D T I K C R D T F C W Y T N L
D V B L E C Z M L Q X P L Y Z X C R
B Z V M B T X Y M A Y K Q J E X I X
K Y N Z O T Z W B P S K P T C U L L
X U K F A J O B N H C S B E K V V E
H J X F R W N E M A O D R Z Z V N E
H X E H D T D Q P R O M M O A W N M
W G A K L U W K M C P E E V O M B X
G Z L Z T J C X B K N S R W I M Z C
L T L S U A N D R O I I A O B J D
A S V T B C O P Y P Y A O K X E R K A
S G T E A C H E R A M L H B H C X
Q V L X P A P E R J I V K I N K C Y
```

WEATHER · #54

```
G V M W I L D F I R E V K D D R R G
H U I F U N O R C E K X O A S I Z F
V A L L C M E W Q N N O I A F V V J
D B W M L V M O O T L T M G E B U W
W F G A O E S U V F Q C M X L V Q J
E Q J L U E O X I P S W W T H D N T
N D H V D I V T O R N A D O Z W I Q
R R T U J V Q E X D P L S F R E E T
L O V Q R N F U E A R T H Q U A K E
G U R X H R B O S G V U N Z J V L K
M G X K T P I L L I G H T N I N G R
G H I O S U N C K C K O Q N W X K A
M T U E U C Q Q A T F T U Z O H Q H I
B R W S S F H P V J L V H F M X N
C G H H N V E A A E M P V T P S Q
I V A E O Z C I U A F B B K K W V E
I M S V W S T H U N D E R I S V A I
Q H D T N L C A C O X J Z A C W G T
```

PICNIC #55

```
B A E U Y R T Z K F M C J J F Y U N
H L O E G D P Z S T O A J T M Z F D
B O A Q U X B C A R S A C U R K R F
A E J N U V Q W N D Q D Q H V V U P
S V M V K W G A D Q U F Q V I F I K
K V W C Y E H D W W I D S Y B P T H
E Q G R V F T Z I A T N U H E L S I
T Q J V B U Z P C T O G N W S U R O
X S D Z E I I H H E R H S V N A X B
G P C O O K I E S R E O C I D M W K
R L M J K B R X P M P K R V M Z Q M
U T J A C Q A H U E V E M Y A M V
P X M D J C N S Z L L V E W Z C K E
N H W C L J T M J O L R W R H W Q P
J F F F V U S W C W E G S T P S U G
B U Y H V I D N Q G N T B W U I W D
J Q K A K C H A T T I N L G P F P I
O O D F T E J P T Q Z H I X L E O Q
```

THING WITH WHEELS #56

```
O N L G C A R Q E J J A E K I Q T A
M J V K P L M V V Q Z L N H H V C B
T U Z H Y T H S C H C S G O K A R T
U S R E H R U D X V Z Y T W F A G U
S O O T N A C E C V N P R E G D M
K O L U O I U R W M W I U V V D I
A O L H E N O B W B O Y C B Z I R C
T Q E V I T P I B A B U S A J B I K
E A R H O Q M C B H G X C C A D D R
B O S M S G W Y S C O O T E R E N T
O C K E N L F C Z L Q W N H R Y N U
A D A W K I V L Y E S Y S M N P C R
R V T Q D B T E Q P Z J Y Z K G S E
D A E V U H R X T R I C Y C L E W A
X Y S A P K U B X E S G P K K H J C
I U N M U E C Y P F K Q O N T C P P
W K P K W X K U M R X D L T O F X H
P E L P K F G J T V N J N E U V J Z
```

MEASURMENT #57

```
F Y G J B Q K H S S P E E D L T V I
O P X A C V T S D O V O L U M E H W
Z M F T S P A F T U S D V W C E J A
L V S Y R M B H M G L T A U E V X L
W V T C W N G X L A I I J R F C R S
I G K G Y I M W V S M O L E E R P B
N T T B E H U E N S F R M T A A B V
R E R H L H T E B G R W D I C J Z A
R M F I E G D I O I C I Z E R V V A
D P O O B P G D W D C G O N P D Z V
V E V X T D P B V Q V W C Y U I L Z
L R X Q Z P B P P T U Z U B H J H L
J A N W P W G R N U T Z D G B F Z L
U I P J I Q E K B C X O I K G Z Y J
S U R D E F H P X R D E B U T I I J
V R S D F X I T O W M M Y D I H S
V E C F W I D T H W L R T J D D M F
L E N G T H C J N Z I X J A M K W E
```

AIRPORT #58

```
R B N J N B J A S O E T B V R S T A
H S Z X H B O M D O J G W R D E T Z
P L A N E A D A A V S B R I U C V I
O X Z B U T N J R N W L S H E U N I
E C L R S R C G P D G O T K D R E F
R H T U E B O Y A G I X R F F I J F
T E C J D D N Z S R P W T Q N T B T
E C V O F J T T S X F S G P E Y V N
R K R N U G R V P K X R H P W D W U
M I Z U Z K Q U O X Q E U X A M V R
I N E A Z J L R R S Q D V N W S A A
N X O L R G T Q T O L V U C W R S N
A B C K B V O S U H A L I V V A E F
L Q V R C H W X B A G G A G E T Y A
T C U J B Q E C W M D S A H B P T
L K C D A N R O I J E T Z G I Q T L
Z I E G S R I X A O I E V N W N S L
C B X O J Z A D M D R C G M N K T R
```

EARTH'S OCEANS #59

```
O M D J C A R I B B E A N S E A O Y
U E Q G Q V V J V X K J G H E P I C
R D P W S O L H S G P A C I F I C V
R I D L G S O U T H C H I N A S E A
N T B X D Q T U O U S R V A G O A H
Q E A K H K K K M N K E V C O A Y
V R V H W Z P Z E A I P P D C E D P
C R O M X P C F I Z Z N E I S I T X
F A F H U W I D S U R U X N O E T J
D N B J A L N T D E J E A R I T A Z
H E E W H I L S H V I S Y E N H B
O A N X N W F G T O F B O D R Z U P G
D N G C X C U A O A A P A T R W D U
I S A Z F O U F R R E R X L Q Z T M
P E L Q S E L A X L D V C O S Z S C
G A S Q N U R U U X W A J X N I A N
F D W W G Z L W G F J D X Z I D G Y
M M L X L Q T S A T L A N T I C Q U
```

PETS #60

```
F V B S Z J F U A G X D R T N Z K T
X A R D U X R L L U T L I V E D Z G
Y P K M P X O Y Q A H B F C Z W H Z
O X Z Z I F G L T N B T C N N C D M
K R N F H R Q S S A Q J I E M R X F
L Q H K M E P L R B P H R M A D M F
E I C P M G R D S P P S A Z C P C I
S T U R T L E M N N T A I M T X G S
N I O X A R U Z I W Q L R A S J X H
A Z T B B T O Q C N C A A T T S
K Q V F B W D O G G C R A F K E E K
E H H N L O G G B V J R T J Q E J R
B K R T X A I T B O O T A L A Q E N
D P S Q K W V L T O J S Q B I O V T
M M K G U I N E A P I G M Q S V P L
V B I O O I H Y N U H I B P E I R D
F A Z W O T W U P J K I F J C T B I
X C V G L R N S M V X G W D X D
```

FISH   #61

```
T N E O N T E T R A N U F C P H V K
O I S K A W H D F W G N R L I N E K
R P R D L L T G Q S N H X T S I W R
G K V V G I C L O W N F I S H S V O
E B K Y X G E P K L L H S G F D L K
F B D S E F K L W A D T S A D I E Q
B F A A M U U E H H P F O L A X H I
A H U Z X O V C X T B H I X J X P
X H B X V V I O S I A A D S R G R W
V Z N X F F R S Q N X R X R X H D Z G
W G E D P Y F T N U D V H B X V G P
G J K Z R G Q O I W H T L S G U O
K O A X A U O M S J J V H G O S P M
Q W K R K H P U Q T N C F K T G P T
Q P T Q D N I S B V F G U V N Y T
I E G X B P N E G C F R W J Q E J C
T R Q R R J B A M O L L Y F U J D V
F S L C F P F A N G E L F I S H H V
```

AMPHIBIANS   #62

```
O A K A O W A T E R D O G C A U H O
P V A P S A L A M A N D E R F K Z C
T O T D G L A S S F R O G C R Z X B
X K I O S G Q J R E T P E A I A A S
N G K S A O R C M K S S Y X C U T T
C B F C O D M E A H W G T O A O H R
A Y D K Y N G M I D R S G L N G Q E
E C D R D X D P M E D X Q O C O C E
C X G D O J A A D Z L R F T L P F F
I T G Y X B M N R Q Z K K L A H S R
L S B V D D A A V I Q T J R W U B O
I H G I V M U E U C F R T P E B Y G
A L V B A L F D L O K R H M D L T W
N U H L P S Y V M A P N O H F W C R
S H A W G L I L H W P T C G R J S J
U S O P F V W N E W T N W U O X E I
U E U X R R N C S Z V M K X G F V J
U C M F I R E B E L L I E D T O A D
```

REPTILES   #63

```
J U M H H Z V P Y P M O N I T O R T
Z L J N Z W X C H A M E L E O N W I
R I C G F M V E D G W G Q F A T L G
R Z F N J C T U A T A R A D A K C U
O A T I C M B H U N J V Q A N Q G A
J R B X W O V V L G X B Z J O W Q N
E D G O C D R S D I W S A R L B O A
J R T G Q S A N V G Z K W R E X N F
Y P V A U Q B K S X V I S E W O A S
W F L R D P A S P N Z N U T H W J B
S Z N T E M L M B E A K X V N G A N
H V F E D Q E M V N S K V C S O D T
X F Q R H V Q L R I W P E N G Y Z O
M Q S S N T F A A L I S P E H C O
D N P Q E M U J L B V O G C J U C
G P S A A D O D A Q R T T Q K G Q H
L L O K U K G B G R G R L S O N X E
L E U E K Q E M P T I C V A R O P S
```

WORLD COUNTRIES   #64

```
Z J W X P J N P W G B K R A G W F S
U I Q X I N D I A R K S A Z F G T X
A L B R A Z I L B T L R X L U D Y K
X U B O F G A N H W Q M Y I D N Q I
N Q S C V X F R A N C E V A H N B
Q Q D T T D R H X L T L P M A T U H
Z I F V R M B U Q F Y X R X H C A I
I N C U W A W K S S V E V H B C M V
X D Z M C D L S V S G J H X I A C Q
A O C Q P V B I I G I L B S D N G S
Z N Q Q B C W W A A X A C W Q A K T
P E I S B H H C S Y Q J E Y F D R Q
J S D H I I D W P I C E L F H A K O
G I Q D E N L Z W C Y J A P A N G M
E A G N Z A J P X O V C Z N I I I E
U N I T E D X S T A T E S C X I V X
P B V W R P N L T P E V M E M O B K
K H N S P T D A T J Z L M U C L P O
```

HOBBIES   #65

```
N L J S F Y I H I K I N G E X H A T
G U L P Y I S W I M M I N G G B Q L
K R X F S E S P G A R D E N I N G S
S K R D P H J H O I N S K J Y R P B
P A I N T I N G I D K K V Z X E D N
M S J O P D L Y Z N D A U S N B A N
X L K T Q I U C E J G T R P W G N L
M E P B Y R D V E N G E J S N F C S
T B H G X X X H I H S B S E N B I X
M A O V K S Q K X I I O W Q U T N N
V L T C U N Z Z Z N A F R E D G U
P A O F O B H A G P G S V H R H D
H H G B T D H V A A I D M N M A I Z
Y I R F V X L E N N I E Q P W A Q
D A A B M G T I J D G N T C J I J T
C B P P T T U L N X E F F H N K S
S F H X M V W L R G F A J S X G C I
F X V J E W K L U D K H J S V H D N
```

INVENTIONS   #66

```
L L L J H R E F R I G E R A T O R W
L I V R S N A S O S Z S J D S D R F
E G W U A U N U M S L G S S T V O I
F H J A Z L D D T L J U E S E U N P
A T C E S H T B C U Z R W P L D C H
I B T S L H X F Q Q P G Y E E N Y V
R U P M W B I H U G M T V N P Z L H
P L L W A A Q N G N P M E H N C S
L B Y X C K K G O S T U D O X I T
A W A N L K T O I M U A K T N R B E
N D R J F N E S D E A Q L C Q T A
E K T P I L I T S Q F C P Y L R X M
Z B Q R C V J A R H L D H N I B X E
C F P Y E E V N U A S D G I R P G N
F U C L S U D T C G I O Y A N Q L G
N I E J P V T D D E L N C K V E U I
B T Q M P D P M T I O N N I J J N
L E P V Z X T T W G J H E V I E K E
```

TECHNOLOGY #67

```
F I F S A C C J G P S O F T W A R E
P N G T G D D O V I E N Q G O O R U
H T H E U S M A R T P H O N E W G W
R E W W D O M S K X K G K G R A E V
R R B G T W N T E S R X A V M Z R W
U N A B L W Z O H O P J S S D E J I
T E K R A I Y S C E T E U H I W B L
A T Y T P F N X I P A R A N O C C Q
B K Q Q T I J Y H X U D I K Y M R N
L L J T O B E V H I B R P O E V W I
E G V Q P J C N V P M Q H N R B Z
T K E Y B O A R D I D E T I O I G Z
F L G A M I N G C O N S O L E N Q R
D R P Y B D J M N M N B G S K E O
X K S P U E H T D C W O P U E W A S
X V B K F V H J F A U R U N L J B
D V Z X E R K I M J E U S S R S L I
B J P F R Q T W P K V Q G X E H R T
```

TIME #68

```
A F N C U C U D K Y Z X X Q J H X K
S Q W N Y C C L O C K D P D B N E Z
Y E D C H O E E W G X A E W C G D D
V R C H T I M E Z O N E M G T S Q I
Y V S O O X S Z B M S U I C X A B Y
T E P Z N U E R U R F I L M B S P O
F V P S P D R M X C J U S H X P I
Q V V H J W P T Y S T M E T C N Q V
R R M E I V F T R V X O N Q T P P K
N D S C U J O Z G L D N N N A Y R M
M C A L E N D A R C A T I G T T Z F
A W H V Z O D O I L Y H U M D X H C
R I T E P F S M V M H D M C Q K L G
A S I A D I X S T G M K W E E K H R
T Z T R B U J H C X M O N H B N W S
I N C E N T U R Y G K C M I N U T E
Y Y J H X V P F W C Z B G H X C C X
E O R C V F B D F J H Q N V B D U G
```

MONEY #69

```
M G X H Z M V J Z A P J M C O A V V
U X X U Q Z J G N E W Y O Q Y C X K
C C P E N N Y O X J G Y E N R G J O
B U P Y Z R R Q R A W Y F Q H Q Y A
E G C S B K J V R O S E P X V F I O
S N U A I X J G T Q U A R T E R G S
Z M E N Y P Q Q P O U N D G B A B M
W U K I J U S J D Y F B L M N N F D
D Q D P T E O V I M S Q H O D C X C
X K Z Y C Z E K F K S E Q A Q L Z H
K D O L L A R I E O R Q D L S L N C
J J X K F K T C X N U S L B S P I B
A E Z U W J S Y R E D I M E Q Q C Y
I L U C D J J R U P E E S N O X K B
M M O R P X S S X T C S E U H E T
J L V E O R L B P N A E G I I E L E
G K Q S Y I M W E A D U Z O V U Y L
L Z V W P E O C I R N Y P I Z X B S
```

BIRDS #70

```
O I B G L B T Q P W Y F T N L J V T
Z M O A J E O G I M O H S C K O N Y
F H F K D F U D K L Z M P S G S E M
B R P E L I C A N D Q T R I I P L M
X W P B F I A V K H R F P R S R Q W
L Z F F J B N S Y P S V U V I E R A
H B Q L D O M Q B S P I G U G Y G S
V J L A S J K A P A A U Y L G U L C
D A W M X P Q G C G R O W T B E S X
Z P L I S C H X A I R E I U X J F V
L Z A N X U N A R W O C M R P Y C B
G Z U G Z V P T D R W V I E A E U L
S F O O H W V Y I R S E A G U L L U
E R Y D N I Z P N O I V E T C E T E
P I G E O N Z P A B I E Y N G J O J
D F N K N A V B L I S T N O J G V A
F I N C H A T P A N P L Q D M F O V
A J Y R D W Z Z M T L L M A E S M T
```

U.S. STATES #71

```
X M J O H X K B Q F L V F J O N S V
W U G D V V X A N A L T E I E I Y I
M P B D V C Z A L A B A M A V N Z A
W N N A E A M T Q N E V A D A U N N
J E O O N L Z O A L C J V R P A C Y
M W R R V I N W P V Y X V U U I V S H
X Y T E X F M V G H J D U D O S U C
T O H G I O L A H X I J D X S M S
G R D O B R D L Z A U I A U E V N N
P K A W N A C S X P W R T F C N E A
D W K M H I U B J R O A R P X S O O
Y A O B L A U N U L A Z I D F H D N
S Q T V B Z G M O A I R V K U R N
N B A H U V S C K D U R N E A G W Z
M A S S A C H U S E T T S W L E O K
O R R D E N J G S Z Y Z R B J Q Y L
V V Z M Q F L O R I D A Z H N B D
Y L O U I S I A N A L C A Z T B P C
```

LITERATURE #72

```
T D R Q V T U O N K J D P L A Y F A
O J F R E D M R L W G H P A P W K U
C G A F A Q L B E E X S O X W W W T
J I S C O A U N H F T S E X K O N O
D D U P G U N J W E H T M X I G S B
B I O G R A P H Y J C V E W Y Z R I
I R I L T R I G T D R L R R S A G O
P H R F X U N L L O N K X M O M D G
F R E P O R T E T Q V Q H B V T L R
J V H J L Y V S Y F Q E F H B E I A
O G A N X O N F H U R Y J O B R H P
I L X X N A F Q O J N H O Z R H B H
H P E S S A Y E Z Q M P U P K Z O V
R G N L J Z G C Q W I Q R K A G O V
Z C C J L G T V A E P Q N F U T K K
Z W N O X U C U H B W V A K E M P P
R F Z W N U F E J O D F L Z I M E S
S M Y J P L I E H G V H P C M S O M
```

FAIRY TALES #73

```
O O S T H E G O L D E N G O O S E X
H J L Z S N O W W H I T E A Z T G R
A R E R E V J X A A L H H G O N B J
N E E U Q A M V F B Y W S F I S D N
S D P S U Q C E P U D V C L T R V H
E R I D K F A Z R E N K O O L A D O
L I N U V G O W T Y I C O P D L D V
A D G S X A P Q D R U B B V L M U I
N I B N J S V T P D N Y K E M T G J
D N E A N B T G V I I U R R V Q O J
G G A L O G O L S R V E Q Z M V C P
R H U A J R G S D A Z V G B F A J
E O T H E U U B B N E N R V B P V F
T O Y E E P I V I C H L L D E G K U
E D H H W H A C D R G P M M V B I Y
L T T T H R E E L I T T L E P I G S
K F R R U M P E L S T I L T S K I N
E R A P U N Z E L D N X I I I V S A L
```

HISTORY #74

```
E Q R O X Y P P H C W Y I K W J A H
X G W G D N R I R J Z X J L K I Z A
P N R F D H E Z N N N N T I D P M R
L A J E N O S T A V R K X Z X Z I C
O S F H A M I I D F E I U P K B C H
R V R J S T D A F Y C W I F N D I A
A S E O L N E N G A O T T N T Y V E
T U V A T C N D W B N G O O D N I O
I F O Y N T T G E H S I W O R A L L
O U L U S C S R Y P T D H T S I O
N G U I U B L Q U F H K R T Z G
Q J T W A P J E T Y U E K D Q Y A N
S A I D M L J I N U C R S H R N T N
O Y O E W O T J F T T I D S Z W I X
U I N X I S Z V D U I B D W I I O Y
T S N K N K H Q T F O Z E H T O N M
Q X F O B M U F T N N X W O E R N Q
T W C Q L C T W Q P Y R E H B Z Z G
```

BIOLOGY #75

```
B Q F U H B J D V V G E N E T I C S
P P P S B O G R E S P I R A T I O N
K C H U S X M T S C I I G V I N G D
W L I O U B J E M C C S O X Y A A G
M A X R T Q D C O L K D J V Y X Y J
E S S E W O Z S F S Z H P D B H G A
T S P P T I S E G O T C Z A Z H S Q
A I E R A S R V K I K A G H H B D W
B F X O A H D B N L D O S P P W J R
O I P D D X P I X T E N G I E Q G O
L C Z U A T Z H K C H J A P S Q E O
I A L C P P I K O M E E H B J W C V
S T G T T U N L I G I L S Q D O O F
M I S I A I X S L M U L L I R D L U
O O V O T B K X T I B V O M S V O S
G W J N I G G R P F J E D T F X G H
P C R R O Q E V O L U T I O N Y Y Z
X N B G W Z K V V J E E F V A S E B
```

CHEMISTRY #76

```
S G Q O V L D V O X I D A T I O N G
T C B X B P Z D T V C T G E Q J K F
S O B A S E O J F T O K K Z R N D J
O M L B V R R O O D N I C B V C S P
L P A O C W M D H U C E O E Z P N F
V O X R V X A A D G E U L B R Z N W
E U G Y E W K Q T Y N E C E X M M V
N N S O L U T I O N T D A I M F Z W
T D D Z K W A D G G R N F U R E Q X
P N Q C V J N M Q Z A M H O A K N A
N E U T R A L I Z A T I O N Z C M T
K L T P S O L U T E I W Q P U V F A
S V E H W N S A Z Z O L O F Y B H F
I B K D R U C K H W B P C H N M T
N X M K L E Z O A U E B H G V O M W
I B K H G H Q J B C K K B V O N A O
L N C M H E M W L J I A K A J I N W
M P M I X T U R E L H D O B D S R Z
```

PHYSICS #77

```
P S K S F M Z P B D V W V L A K J
M Z U P E N F O O S K N O W X N F Y
G Z V G Y Q E F M Z S S R V S Z R W
M C A M J S M R J E H N K F L T I X
U U F C S B Z J G N Q F S N D C H
B A E A C D P K H Y L U M Y I T G
V H M S G E C M T I P H U H G S I V
T T G O I R L Q Z V P I Q M G P O W
X D R R I S J E T N P O W E R L N Z
N V R M A R Q I R Y F F M J U A Q W
I O D S X V C R Q A B W O O C C B F
J E Z W I O I E Q E T E H E D E U W
E M U U L D J T J O G H F Q O M N Z
P J E E S F Z P Z Y Q X G O D R E F R
B Z V S W R Y A N G H L N Z N R S
W M W I Q X W Q A L E T A V H T Q Q
V R P T F O R C E J F Q A Z Z D Z
G Z D M C P F X B O D X C O A T V Y
```

GEOMETRY #78

```
D P V T R A G W M W C I R C L E P Y
U P O R J L K P J I Q W O Q E B G D
C F J U C K I P R S P R K F P B O R
L C S Z A T R N Y A B A V A U T L L
V V G D H D V W E L Y F M F V O T C
I K N L G O R E O P E F O D F R P J
V N N B N W F I C O N R Z Z R A O I
K I B I O Z W L L S X R G Y I D L P
U C W N Z D H R H A E X S F U I Y H
A M A X A D J H E T T V G N F U G X
K N P O I N T G E S S E D V J S Q A
L F G A I W C M J R X J R X L L P N
Z V V L O F A O V O M X F A V R L N
T S O G E I G Z E J E I U L L E M
I H F K D R H K H E R D B Q H O Z E
H T R I A N G L E L G T S L L Q C T
I V P I F B Q B Q A D O V D J X R G
S B B D U T L W U D E Z J X R G A C
```

FORESTS #79

```
U G Q N E W U N D E R S T O R Y E X
G Z L C N G A H Z S K V E P A Z N B
Y V Q K C R P J E X S K L G P O V X
L X I Z K J Z Q P U S J I R I T D E
N J L A N K Q P O P K A N T I N V N
H V H Z E S T R E E T O A S M O C R
A C B F C N E V J A L T R U K H A
B V O N Z F G V F T S E E B Q C L I
I O T V I D S S Y E V A P F A C A N
T C F N F J I R R I O A I U D A G F
A Z O X O C F O D M X A D M D N D O
T C G D P A F O M U V V A Q A O Z H
S H C O L E I R X R L A V V N P H E
U R H Z R B O S T W U B A U I V A S
Z V P H O T O S Y N T H E S I S M T
P A L S L J Z X O P D K Z H K X H S
N P K P B H F O J F F T A G O M J Q
D E C I D U O U S E C O S Y S T E M
```

MOUNTAINS #80

```
C W D F J I M Q R P Q K O E J R C Z
S R S M T T X V W K I E J P Z T V V
I E W E P I F V W A H M Q S Z G O F
Q Q I A D Z B C B C V V E U Y P X A
M W W S I K G N M G O T X I L G U
H F V G M M M A N U L H W A J A H B
L Z Z V F O L E P A A C Q G B T G U
Y I E F T A G N N K C S P G K E E E
I G F L V F E R U T I E B J R A O G
Z V U A F V W J A R E K Z Q B U T T
A A R I D G E R H P R E B Y J X H R
F T E T O N I C S E H B L O T W E E
M S S Y A T V K E R K S E W W M R A
P M S U M M I T A A K M N F Y P M S
Z Q D M B I D P E L T F F I Q N A K
S D N F E S U P J A Q S M R E H L C
W O U B M P D X L V O L C A N I C C
V W E G Z M I I V J I J J Z I Z M W
```

RIVERS #81

```
K O Z D J W R I G Q J E E M O G B U
J V B E L Q A P Q A J V L G X M T L
S I V L N F N T R N W R V P Z Y R Z
E H M T P C J P E K O V K C I X I X
B D E A C R E E K R K D F N V T B W
U L W A I E L S A P F E H V K Z U O
B F T F D X O J E L C A L M O G T Q
I B X J K W S J Q T V O L A H V A V
I A W M E D A H K R I D B L O P R Y
E S D W D E G T G B N A R W U C V Z
S I H S W P I S E X L U K L W J C I
T N B T H O R M U R E E V R F Y X G
U L N R X S Y B V Y S C D A M P K P
A H G E N I G C F A V X T G Z V K Z
R B H A J T E F L O O D P L A I N M
Y G I M Y I V I R R I G A T I O N F
N W Z V W O J I P S I K G N E R X U
E A N G A N P B N X H J L B W D A L
```

EVOLUTION #82

```
G P G X P K G B Q Y D V D A H Q N A
Q C Z I J I W J U I V S T K M Z K Q
J Z K N B O H D S G G G Q G A N C N
B U A H M O V Q M P P E M Z I R A A
G E N E T I C D I V E R S I T Y D T
B W T R P I R X N C H S N K W I A U
W V N I F O V Z G N K Z O A W J P R
C U Q T O E P M U T A T I O N Y T A
W O X A S N A U J O F M I A P X A L
Y F F N S U R N I B W K Y M V T S
G V P C I Y J I C A W H G E L E I E
R E U E L F Z T C E T C C L E S O L
P F B N O H G E N E S I V O X C N E
I T R A I T I Y Z Q F T O K T E E C
B L M K L F U J C R F V R N H I S P T
X J I V X Q E W O D X C K R N H N I
G J I I S P E C I A T I O N C W L O
S I V Y G Y B K A W O U I Z T X K W
```

DESERTS #83

```
P R E D A T O R H U X S A N D G T T
I N Q T K A U W L D X T Z Y N M N J
R X F D E A M O X R F P I H V E S L
C C G Z S M U Z E Q G B V C L E V U
M T X O D V P R D P Q R U V X Y N
H E X F A U N E F L C A C T U S G H
Y B H E C E N Z R I W C U V A F D Y
S I E I V A P E Q A U P R E Y T E G
N V B A A B M K W S T Y E A G Z S S
I B C A Z Z T O D B V U I G B B E X
Z S Q M V U K K U D S M R Z K C R R
I A D O W R O D E F N A F E I F T V
Y Z G J C B P W I R L Y Z W R T D Z
S X Z A F T E Q V V N A J K N A Q T
M R T M P Y O A S I S V G G R K T W
F C G A D A P T A T I O N E D H R A
A M Q J D C A J R J C Z B R B N B J
A D N R K E Y U M H E P G P G E M D A
```

SUMMER #84

```
D U F S V G L H T D S B X I W K I V
Q W F N P Y C X A X D A E C M D W Z
S A D W K A S K J R B A U E B J A I
V H M E E H Q W R E U L N C S P T S
U G Z B P G G E G T E K R X E E N
L R D L W H J F H C E B V R I
E O D P V L U M P R T T F A J E M H
C M F Y A V H M C I G E E M N D E F
S I J I C K A S I D A U R U B W L G
Z U H S E E N C B D C F Z I S V O Q
C W N Z U U G Z A C X E Y S A G X H
U V N B S P R E B T Q T F A D G D E
A M I C U L W R W F I E Y H Q F F V
P E O F L R A V I V C O F Y Q V S Y
E D M D O B N M O U N J S R N T L Z E H
P N J E G O Z X I I Y H G O K I E K
I U A H W S U N D A V D Q P A B Q N
Z Y H E A T S I V Q K P P H F U E K
```

AUTUMN #85

```
H Y E Y Q O K I F E X B N P M P J Q
C O Z S A A C A Q I B B W F F U T Y
Q K K S F K S D D L U X H T V W K S
T P B J Z A V G U U T T A Q Q U P X
A S C A R F L F I K J B R U Y D R B
P I E H N F R L L G F H V I U I Q O
P E X F A O L E A V E S E N K Z V B
L Z C M L A A Y T D E S S T S V X Z
E Q U O V Q A S U D U E T I Q V R N
S Z C G V V D E I Z J G H T B K P A
Z P B A P D L R V B H W Q D V X C T
D Y U S L U Y N B N O S W E A T E R
I P H W F A F Q F O Z F D X R L A K
G Z W Y H D X E W F N V M F V A J F
H R X S Q X E V E B V F T W H Q K R
P U M P K I N S V V W X I Z T K H E
W O N N Q U K C O R N T X R D Q Q U
S D K E H X Z R C V T 7 V F V J Q
```

WINTER #86

```
G A T W M D P S B Y D U V M O D V W
E Y K H P I X M S E T Q M E M S U G
W S I D S X M D M H V G R U S L E D
Z G L J S N O W B O A R D Z F M Y I
R O I M D H J D V Z F D K N K G D Q
C Z S W C U T S S N O W B A L L N I
X N H D Q A B L I G K S J Q K L R T
U T S Q D F I X I R I G P D I H B T
M A I C B K B A S N O W M A N G T E
F T V T V S O U K D V M J Z N L X H
V C V T N L E X I O Y D T I P P V X
R E Q L N L C P G V Q Z J R I B L L
B I U W Q F R O S T E T I E C P Z
T N F W N T H E L L E E M E R E D K
E O K U Z M P T S R K E R C W Z D P
G G F S K A T E F N W W G Y R B H
D E A S R R W F G B O O E G S V Y M
X I V R A V F C A E F W B H O N X G
```

SPRING #87

```
K N T P I D I R S Q C B L O Z S D X
T K O N L N K B Y O D P I O R E V L
V U G X A A W U S V L M T B B E O B
F L B K J L T A I Z D X E C D M V
Y A H A I Z D T R B S F H L U O G D
G A R D E N P E R Z W U X B S P R A
W S V V S C I R S S F G D S I M A T
X F H X W K Z F K P B C O S F G S E
T R L O R H T L X Q R L J I I V S A
P E M O O K U Y N T B I S J V B F S
F N O A W E H C R F X S N Y C Y Y T
X E Q V G E L D A X X P V G J L B E
J W V N O R Y I H G R D U N Q A R
N A E A I C Y S N D P O L K H P R M
B L X A L G Z K V L B U M L U L W I
T V D Q J H Q C V Z O T M W U D S T
T U S O F T P Z K Z D F J L T J C X
Z J V I P P P P M P N P W N F H Q D
```

BEACH #88

```
W S U N S C R E E N S R R S V K R F
E I Q E B Z M N S I N O K A H R Y Z
V V E S T S F R S U E O D N Z Y S J
Z S H E L L L T L U R W I D L O T P
F Z E A E L Y T S M N F G C U L O K
H J Z X I K T U I M C K U A A U W L
M J R G S O J E L L Y F I S H W E I
H J V V W E F O A M Y H K T V T L F
N E J G Z T A K H U L Q U L S I O E
C S S N Y V B G A N A Y Q E W P E G
C W M N O L Z J U N A O W V I Y I U
R C C H J G S J O L K B D D M R B A
P A H F X V R P Z E L P A Z D V Q R
J W V E Z N O V R Q X X G F D H 7 D
P K K T I D A L P O O L I N T T T V
S S G R S X N P R W J F A V C G B P
D R S Q F S X I H U G S Y Z G N H C
N K C P Z T W B Q B C K L J L D P X
```

DANCE #89

```
G D T Y I B Y T E G M O D E R N W C
T J N Q Z W F F L S I V U T Q V A E
B V J S G A U L N Y E E E O V C E M
R Z H F G K E B Q P G C P R I D D X
E H Y M I G F J G K R B F V F N S O
A W I V Z Z N J R M A M R Y Z P V M
K A Y P Q X H Q A H T A N G O I Z Z
D V F O H G N L X T C D D Y P G Z A
A M G R M O N S E Q V G X H Q T F A
N J M O F D P L W O A X Y D L A Z U
C U M A L W L P Q I J V Z A I D Z L
E F A K M U J U N Z W I N W N X P
W O E W D B W C K Z A G S A U A O U
X X F W L K Q B O J O R S R A F I A
R T E S V B P Q K S C G J A E F J F
N R B T F L A M E N C O N G L K N R
Z O U E B P Y F N C P F U N B S F X
J T Q T Z E E J V B R K Y N Z F A M
```

LANGUAGES #90

```
L R X U U S O F M R V V U B W J S Z
M T S C I L T V Z H O P M P M A W Z
E G Y J V L I L S O V O H S N P E O
M U C W U S B I L T E I E Z W A D J
G E V V X C L A I K G S M T O N I F
B L V X I G Y W L B E W H O X V E S Z
G Q J B N B X Z O U I F R U A S H Q
I X A E J E O R G M P Q D S T E X X
Y R L K I V R U C K Y B D P V K S T
A P G N I T T P W W V I V A X H O X
H D H Z L R A M Q U N L K N W R U C
D H Z F O G O L V Y L B J I C S K H
J V I P R L E T I D T S F S V Z K I
S C E N L E X R K A N W S H S B Q N
W Z D Y D O N S W N N X N D U L J E
V A R L J I T C U A B Q Z J J Y Z S
N Z U G P B S X H I N O F T X Z B E
Q T F F U T K U O S K O R E A N C T
```

PHOTOGRAPHY #91

```
E X H B U E N J L G C E G E V V Y P P
I L O V C O Q J A E X T P H R J V O
P O Y S I U D A T P N A C O N H K R
R R N H Y N S C L S C S D W H R E T
I V A U B O I D U S U N C L O I P R
Y P H T Q M O C D U P Z K O A I S A
C T T T V I O N K U A A O J F R E I
L O Z E L F A A P E R T U R E U G T
D B R R Z L P J V F T F Z E D L R S
N L X S D S R C Y M Z N R U X E L M
E T N P R C D T H L A U R P V O N Y
G F M E H F G X U R S W R W V F H H
A C J E F S D F E O G C P R S T R M
T M K D M C P M P O U B S N V H P I
I K V W W L A X X E D S Q L D I W G
V V J V B C E X B F V O M T N R G B
E U G R C O M P O S I T I O N D L K
K H U S D I G I T A L N V U R S U E
```

MARTIAL ARTS #92

```
E J P X B R H P X K T V G R R H V K
D O Q W M J M A R T I A L A R T S G
W A P B T W E Q F N R S P V P U G W
E A S E O U H G U U T H Y L S Z F A
R H A U I X I F O B B O P T L N M N
F T V U N L I L V V K G I C I W M
K A M K G H U N X O N J G A L S H Z
X E C A F Z P B G I U W H Z F V O V
C K G R B K H M X I A T U C Q D S K
M W J A G K S O J O Y O L G N Q F B
Z O C T L X B T Q A E Q L O N R G H
M N T E O K V I U E A Z W Z D F G I
T D F Q C B X M H D U K B R Q Q T S
E Q U I X B R F A F E E Q P V T P M
A V K N S J A S G A V E K D Q O H L
D U D O J O N N T W W S D U F U T F
A I K I D O U A Z T R U A S N B U F
M W R F U K H A J U J M F M F G E K
```

ISLANDS #93

```
Q Y Z T W V V S Q U Y G L P A I R X
D U V P W X U S I D C F N S I R Q X
U V O L W M S K N B E G U U F K X A
Y P I U H F R E E P L T I N H T P A
T M P T N B I O D I V E R S I T Y W
C Q S H U R R I C A N E U I O M M K
K I V D M S F I S C Y H H A E B F G
Y T U M P V E Z P I Z G F R G C B Z
R P V H D T Z B V L Q U V C N L V B
V E K G U L F S T R E A M H L A T N
D N E S C P F T R L Z B L I I G M I
T I Q F E V O R X K U F M P K O S P
H N W K O A L O D A H P K E P O X J
P S V H N L P V K P T I L L N L L
A U S C O K C I L J O K X A U Q E F
C L F T D G R C C D C C F G V S E L
J A A H O A F A E M C K H O S N T L
D V P P V V M L G U L F J K S Q M M
```

COOKING #94

```
K P M H A Q D B M E T G L B D F J Y
H U N M Z F T V R F N R O F X I X F
Z K I T C H E N D R Y R R U U N W S
O P C H O P P I N G T N F C Z G T S
E D T O N G S D T B E K E H H R K Y
T J I U W T B Z G D A Z C B C E X T
C S J C R E C I P E S E I K B D I M
K D U G I V C S J N P S W A O I E I
O N U R Q N C P B K O T B P X E G L
U J R A T A G G N G O I N W H V Z
N N V T Q I Q W N R N N I N I T F G
C B C I S D H I D Q G G F D X H A B
E K T N M I K F B O N R N G L Z L J
F D I G W A E O W T M E F O D B C N
V X D H B N B P B F L G X B O R C Z
M O L I I J A R D B U N S R A U A G
B E G Z J E I J I C D R V I P L G G
C G B H P D V I L Z F J H V R T U D
```

MYTHOLOGY #95

```
V D F A N T A S Y E G J U C S I M J
C R E A T U R E S W K G L X U C D W
K N V T B O S B D B L V Q E D M V D
C L B B O H G W V U R V V Q G O O C
H G F E B B L V X J P R O P H E C Y
X J M D F Q U R S S J O U L A U N H
Z R P R L W R I R N V V T T V A V D
G X F H V K H E F G S L V F G T Q X
M G U C T D T G O N L G F A P G H R
V O F C J S S E L L E A S Z C T U R
D J U S N U A A K J Z P P N Y O M H
G B X O S T X K L M Y B S M N I S U
S H M G O N S D O A J H F H X J A N
A O L T E P N A R G W G Y T F V L L
A Z A N J E R H T E I N O O F I D I C
C J B T G O M B F C C G Q W T R V F
D Y H E R O E S E W M I E D H Y R F
A Z L P O Z A J M Y T H I C A L C I
```

ROBOTS #96

```
C A I C A C T U A T O R B K R E M L
V F H O E Z A D I H F G A K W Q D V
L R N D O M L W G G A V P O F E V S
F M M I V A G X L Y R R O W A H M E
A Z X N K C O V N B L P D E T F Z N
U I X G L H R V A D N H X W W D R S
T O M G K I I C Y P Z Q Q X A G W O
O C O V O N T D I H F F N N F R A R
M T T N Y E H W C R K D V N T V E P
A J O H I L M P R O C E S S O R O J
T N R N P E Z Z N A N U Z A D M E W
P D Q Q A F T M Y M R I O D R R Y
O P R O G R A M M I N G N C T A M Q E
N P I S R N V I S G M G A W F I T B
B C K G T I D A V S P R Z T T S D V
H F L L S N K P G C V F A Z Q S S Q
W A L Q J J G Q J S F I S F E D B L
I B O X J H B Q J S F I S F E D B L
```

ICE CREAM #97

```
S O Q W C H O C O L A T E C H I P S
L N S N I X S V B N Y K O B H W Q H
X R C N J T A L M S H E R B E T H U
N L P G E L A T O K O G O G Q J E A
D X O N G B J V U T L A V I F A N F
V Y S H U E E E X A J E A Q D Q C P
X X H G G I P J M R L T C N G K R W
U C M D E L S G I N F W U I L T L F
L T U Q U N I V L W Y S B K W U C O
D F Z R T D K W K D Y D D T I U O T
Z G J T M X S E S Q N N P A F M N P
T D N U T P O T H N L U N T J E E P
G P O L E O R F A S P R I N K L E S
Z Q F P O I B X K S O H W Z U Q H Z
O K F L Z G E Z E Q S J H H F Z T S
V V K Z O L T Q C N B E N C T P O S
E N J H F A T Q D S U U H U L M U U
I E U C R W T W N N F U I P D I M V
```

COLD DRINKS #98

```
V Q H K B E S L Q B V V G T V N Z Y
N W T N E G H E U D I S U S R W W R
U V M Q M B N M R F B C Q U R O O O
T P W G U O C O Z R M I E H B D O Q
K H A A M X Z N P A L C J D C Z V U
Q C F U T E S A T P M E G O T W A G
G O K I I E M D K P M D V I Z E H J
R H S J T N R E S U E L K W F H A P
K A U L C X F X N C E A T P B R Z I
V O R E C T R S Q C V T I V G F V Z
S S M O O T H I E I S T A I X W P S
O L W V Q T D U W N R F C X L I Z S
N C U L H W N Z O O M O O Z G J G V
M R X S S S V I U O L O M S U X Q X
I G E G H P O P R M I L K S H A K E
L K D J J I D B A V V K P R V G E N
K J U I C E E U G O O L H L O B K C
K U I Ç V Q W G N S O D A G F C E I
```

HOT DRINKS #99

```
F J Q D V M X I S G A Q H T P L T M
B A P S K B O Z A X P R G C O C O A
G B T A K A Z C E V Z M R X A F E A
C R K K F A E K H R L H I X Z C U
T H E M P K S B S A M G C N A J L V
Y H O T C H O C O L A T E H T T O J
H C Z V H D N G O Z E V A W S T T Z
E E B H T N C N Z F Z C O F F E E E
R P U J K K P Q R B P W O X Q V W A
B V U W O I A E I M M A T C H A M
A R O I A K V U R Z Z E X A O E Q V
L F J H D N R V A P P K K E E P R C
T V C V M W Y E V Q I O X U R Z W I
E E C A P P U C C I N O G K O L N D
A O O O M F C I S S C X A O I B K U
M S G Z B U C J Z Q O J H F O N L E
R Y U I K W W Q Q P C O R T A D O Q
S A B V P E S P R E S S O L D I L S
```

ROOMS IN A HOUSE #100

```
K I T C H E N T Y R L G O T E X U Q
E F M I S W P Z Z G L V S B N M I H
X T J R Q B A D L W M M F M O O P O
F J P M X J W Z N I O E O F J L H N
H Z P N I F V K V O J U D C E T O Z
T F S Q C D V J R T L A K I V S N W
A J M V P T L H R B U U Y J A D X E
L K T L Z W T C W F O R Q Y G A C Y
I B U Q O A K H J S E K Z Z R I G U
V G J M K B E N S T C A G F L I T
I Z Q D R T S Z R S Z A S F G U V C
N B J C O K J U E T M D O M F Q G H
G I Z J B D N U K Q L T I I E X K L
O A D L G L G V B I S W Y N O Q X D
C O Q O A S Q S B W D S B J I E B X
R P L B E D R O O M B S F S R N H F
I D Z H U F A M I L Y X D R H S G E
O M A S T E R L Q I O Z W F K F A E
```

Made in United States
Cleveland, OH
04 December 2024

11327624R00070